Evelyne Laye

Verdammt! Wo ist mein Leben?

Evelyne Laye

Verdammt! Wo ist mein Leben?

**33 Ideen, wie du dich von dem ganzen Mist
befreist und durchs Leben floatest**

Jadebaum

Umschlagbild: AlexanderNikiforov/AdobeStock © 2019

Bibliografische Information der Deutschen Nationalbibliothek

Die Deutsche Nationalbibliothek verzeichnet diese Publikation in der Deutschen Nationalbibliografie; detaillierte bibliografische Daten sind im Internet über http://dnb.dnb.de abrufbar.

ISBN 978-3-948116-00-2

Laye, Evelyne: Verdammt! Wo ist mein Leben? 33 Ideen, wie du dich von dem ganzen Mist befreist und durchs Leben floatest

Alle Rechte vorbehalten

© 2019 Jadebaum-Verlag Evelyne Laye
Untere Mühle 1, 72070 Tübingen-Unterjesingen
Internet: www.laye.org

Umschlaggestaltung, Satz und Layout:
Gregor Julien Straube, Tübingen, lektorat.straube@web.de

Gesetzt in der Calibri und in der Priori Sans

Druck: booksfactory, Szczecin

Für Marlene

Inhalt

Vorwort

„Mein Leben ist zu anstrengend", stöhnt so mancher und
geht doch weiter die einge-
fahrenen Pfade. Dabei könnte
man sich das Leben viel leichter machen! Wenn du so wie
ich genug von Perfektionismus,
Autoritätshörigkeit, Dogmatis-
mus und erhobenen Zeigefin-
gern hast und mehr Leichtig-

keit und Freude im Leben möchtest, dann könnte dieses Buch
etwas für dich sein! Ich habe querbeet durch alle möglichen
Belange des Lebens Ideen zusammengetragen, wie du dich von
altem Gedankenmuff befreist und dich auf die wirklich we-sent-
lichen Dinge im Leben konzentrierst. Manchmal muss man nur
in eine andere Richtung denken; und manchmal ist es auch gut,
gar nicht mehr zu denken :-).
Gehe einfach zu der Überschrift, die dich lockt und lass dich
inspirieren!
Viel Spaß

Evelyne

Kapitel 1

Angst zu haben ist völlig normal

„In meinem Leben habe ich unvorstellbar viele Katastrophen erlitten. Die meisten davon sind nie eingetreten."

Mark Twain

Träumst du manchmal davon, wie es wäre, diesem immer wieder in dir nagenden Gefühl keine Wirkungsstätte mehr zu bieten und einfach keine Angst mehr zu haben? Das könnte zu spannenden Erlebnissen führen. Du kündigst kurzerhand deinen Job und machst diese tolle Weltreise, von der du schon immer geträumt hast. Du genießt die Zeit unterwegs und hast Vertrauen, dass sich danach im Job sicher etwas Neues auftun wird. Aber bevor du kündigst, hast du ja noch diese Präsentation zu halten, und es macht dir richtig Spaß, einem vollen Saal von Kollegen und Vorgesetzten komplexe Sachverhalte zu erläutern. Du sprichst und lachst und bist völlig souverän in deiner Mitte. Später am Abend, mit Freunden zusammen, siehst du diese tolle Frau oder diesen tollen Mann da drüben, die/der so unglaublich sympathisch wirkt und außerdem noch fantastisch aussieht. Nach ein paar Blickkontakten gehst du zu ihr/ihm hinüber und plauderst ein wenig. Wer weiß, was sich daraus entwickelt? Nach einem angeregten Gespräch gehst du glücklich vor dich hin summend nach Hause. Keine Angst vor anderen Menschen, vor dem Chef, dem Vorsingen, vor Hunden, dem Fliegen oder Ski fahren, vor Misserfolg und vor Neidern. Keine Angst, entlassen zu werden, später zu wenig Rente zu bekommen, krank zu werden oder die Liebsten zu verlieren, oder das Schlimmste, am Ende gar selbst zu sterben (wobei du natürlich ganz genau weißt, dass dies eines der wenigen Dinge ist, die du garantiert erlebst!).

Wie wäre das?

Nicht schlecht, oder? Und, ehrlich gesagt, für viele von uns ganz schön schwierig zu erreichen!

Evolutionär ist es vollkommen natürlich, Angst zu haben, denn diese Ängstlichkeit und Vorsicht hat unseren Vorfahren ihr Überleben ermöglicht. Das ist offensichtlich, wenn du daran denkst, wer seine Gene eher weitergeben konnte: derjenige, der vor einer Herde Bisons davonlief und sich in Sicherheit brachte oder der, der sich ihnen mitten in den Weg stellte. Der Letztere hat vermutlich nicht mehr lange genug Zeit gehabt, Kinder zu zeugen!

Bis in das letzte Jahrhundert hinein waren Kriege und Hungersnöte für einen Großteil der Menschen das tägliche Brot. Das Leben war weit unsicherer und die Chance viel größer als heute, vor irgendwelchen Horden flüchten zu müssen, sein Hab und Gut zu verlieren und letztendlich auch sein Leben. Aus heutiger Sicht kann man gut nachvollziehen, dass Angst und Misstrauen ihren Platz hatten, denn das half unseren Vorfahren beim Überleben.

Doch wie steht es heute um uns? Die Chancen, über 80 oder 90 Jahre alt zu werden, standen nie so gut wie in dieser Zeit. Es war nie sicherer für ein Kind, heranzuwachsen, wie heute. Auch wenn es uns unter dem ständigen Aufschrei der Medien mit ihren Katastrophennachrichten nicht so erscheint: Wir leben in der sichersten aller bisherigen Welten! Wenn du dieses Buch hier liest, ist die Wahrscheinlichkeit sehr groß, dass du ein

Dach über dem Kopf hast, eine Krankenversicherung, genug zu essen und wahrscheinlich noch einiges mehr. Das ist ein Maß an Sicherheit, von dem die meisten Menschen im Laufe der Geschichte nur träumen konnten! Mache dir also erst einmal bewusst, dass für deine grundlegendsten Bedürfnisse gut gesorgt ist. Du bist sozusagen ein Glückspilz!

Allerdings ist es keine Frage, dass trotz allem Reichtum Ängste und Unsicherheiten in unserer Gesellschaft eher zugenommen haben. Das hat viel mit dem Stress und den hohen Anforderungen zu tun, die aus jeder Richtung auf uns herein prasseln. Wenn ich mich so umschaue, steht fast jeder unter einem immensen Druck. Die junge Mutter, die ihr Studium abschließen möchte, der Handwerker, der seinen Aufträgen kaum noch hinterher kommt, überall soll man mehr und noch mehr leisten. Ich habe schon öfters bei meinen Klienten beobachtet, dass eine plötzlich auftretende Angst, z.B. Panikattacken, wie ein Korrektiv funktioniert. Das Unterbewusstsein sagt: „Stopp, bis hierhin und nicht weiter! Du musst mal kürzer treten." Hier ist die Angst ein wertvoller Wegweiser. Burnout kann ebenfalls häufig eine Folge von zu viel Druck sein; der ganze Organismus drückt aus, dass man dringend etwas ändern sollte.

Wenn du unter Ängsten leidest und das Gefühl hast, du kannst die Welt nicht aushalten, so wie sie ist, dann solltest du dich eine Weile zurück nehmen und wieder zur Ruhe finden. Nimm den Druck so weit wie möglich aus deinem Leben raus. Jetzt brauchst du einen neuen sehr achtsamen Weg, mit der Welt umzugehen. Das bringt Heilung.

Hinweise, die dir helfen können, mit Ängsten umzugehen:

• Immer mal wieder Angst zu haben, ist völlig normal. Wir leben in einer Gesellschaft, die uns mit bedrohlichen Informationen geradezu bombardiert. Atme einmal tief und langsam ein und aus und lass die Angst zu. Versuche nicht, sie wegzuschieben, das macht den Druck nur noch größer. Die Angst zu akzeptieren nimmt ihr schon einiges an Wind aus den Segeln. Sage dir selbst: „Es ist völlig normal, Angst zu haben. Es ist völlig normal, so zu fühlen. Es ist okay."

• Lass nicht zu, dass die Angst dir diktiert, was du tun sollst! Wenn du Angst hast zu fliegen, aber vom Kopf her weißt, dass Flugzeuge sehr sicher sind, fliege trotzdem! Wenn du Angst hast, in Urlaub zu fahren, es aber gerne möchtest, tu es! Lass dich nicht von deiner Angst einschränken. Wenn dir allerdings alles zu viel ist, dann mache einfach mal eine Weile nichts! Am Bachrand sitzen und den Schmetterlingen zuschauen!

• Ist deine Angst begründet oder unbegründet? Wenn Ängste irrational sind, es also sehr unwahrscheinlich ist, dass das, wovor du Angst hast, eintritt, mache dir das bewusst. Schalte deinen Kopf ein und sage dir selbst: „Es besteht keine Gefahr, ich bin sicher und beschützt!"

• Auch wenn es vielerlei Hinweise dafür gibt, dass wir mehr Einfluss auf Geschehnisse und unseren Körper haben, als wir gemeinhin denken, haben wir keine endgültige Kontrolle über unser Leben. Wir können jederzeit von schönen und schlimmen Dingen überrascht werden. Diese Unsicherheit, was das Leben uns bringt. ist ein gefundenes Fressen für ängstliche Naturen.

Erhöhe deshalb dein Vertrauen in deine Fähigkeit, mit allem umzugehen, was auch geschehen mag. Habe Vertrauen in dich und habe Vertrauen in das Leben. „Egal, was geschieht, ich kann damit umgehen." Dieses Vertrauen lässt die Angst geradezu dahin schmelzen.

- Mache dir bewusst, dass du irgendwann – und du weißt nicht wann – sterben wirst. Die meisten Ängste lassen sich meiner Meinung nach auf die Angst vor dem Tod zurück führen. Wenn du dich mit dem Tod beschäftigst und ihn als Tatsache im Leben akzeptierst und annimmst, wirst du von alleine viele Ängste loslassen und das Leben weit mehr genießen. Der Gedanke der Endlichkeit bringt dich dazu, deine Tage mehr wertzuschätzen.

- Die Angst ist nicht nur belastend und zerstört deine Seelenruhe, sie hat auch eine positive Seite. Sie schenkt dir mehr Feingefühl, Achtsamkeit und die Fähigkeit zur Empathie. Das bedeutet natürlich nicht, dass du deine Ängste kultivieren solltest, sondern ist einfach ein zusätzlicher bedenkenswerter Aspekt. Erinnerst du dich an das Märchen von einem, der auszog, das Fürchten zu lernen? Wenn jemand niemals Angst kennen gelernt hat, dem fehlt ein wichtiger Baustein des Lebens. Das Interessante dabei ist wiederum, diese Angst zu überwinden. Oder gemeinsam mit ihr trotzdem gut zu leben.

Die beruhigende Herzatmung
Um dein Nervensystem zu beruhigen und übermäßige Ängste und Sorgen besser loslassen zu können, empfehle ich dir die beruhigende Herzatmung. Sie ist vor allem hilfreich, wenn du nervös und aufgeregt bist oder Ängste und Sorgen dich abends nicht einschlafen lassen. Hier die Anleitung:

1. Setze oder lege dich bequem hin und richte deine Aufmerksamkeit auf deine Herzregion. Zur Unterstützung kannst du auch eine oder beide Hände über dein Herz legen. Lasse deinen Atem etwas langsamer werden und atme bewusst ein und aus, während du dich auf deine Herzregion konzentrierst. Wenn Gedanken kommen sollten, dann lasse sie einfach wieder gehen und wende dich wieder deinem Herzen und deiner Atmung zu. Atme so ein oder zwei Minuten lang.

2. Bleib bei der ruhigen bewussten Atmung. Nun verbinde mit dem Ein- und Ausatmen bestimmte Wörter, die dir helfen werden, noch mehr zu entspannen. Denke den Begriff „Ruhe" beim Einatmen, und nochmals beim Ausatmen. Versuche, diese Ruhe in deinem Herzen zu fühlen. Atme so ein oder zwei Minuten lang mit dem Wort „Ruhe" (oder dem Wort „Stille").

3. Bleib bei der ruhigen bewussten Atmung. Nun wähle den Begriff „Frieden" beim Ein- und Ausatmen und stelle dir dabei vor, dein Herz mit „Frieden" zu füllen.

4. Bleib bei der ruhigen bewussten Atmung. Als letztes nimm den Satz „es ist gut so, wie es ist". Sage dir „es ist gut so, wie es ist" beim Einatmen und wieder beim Ausatmen und versuche, es im Herzen zu fühlen.

Du wirst merken, dass nur wenige Minuten dieser Übung genügen, um dich spürbar ruhiger und entspannter werden zu lassen.

Stolpersteine im Kopf

„Du bist deine eigene Grenze. Erhebe dich darüber."

Hafis, persischer Dichter aus dem 14. Jhd.

Ein paar Fragen vorneweg:

Wie fühlst du dich, wenn deine beste Freundin schon wieder kurzfristig eure Verabredung absagt?

Freust du dich, wenn deine 20jährige Tochter zu Beginn des Studiums schwanger wird?

Wie reagierst du, wenn dir dein ziemlich ungeliebter Job plötzlich gekündigt wird?

Was ist deine erste Reaktion auf die Nachricht, eine Million Euro zu gewinnen?

Wahrscheinlich wirst du auf jede Frage sofort eine spontane Reaktion haben, ein bestimmtes Gefühl oder auch eine Mischung mehrerer Gefühle. Diese Gefühle sind für dich einfach die logische Folge der Situation. Dabei kann man auf jede Situation völlig unterschiedlich reagieren. Es ist ja schon fast eine Binsenweisheit, dass wir die Welt durch die Brille unserer Glaubenssätze sehen. Je nachdem, was für eine Brille wir gerade aufhaben, d.h. mit welchen Überzeugungen wir die Welt betrachten, schätzen wir Situationen völlig unterschiedlich ein. Wir denken dieses oder jenes über die Welt, und wenn wir immer wieder dasselbe denken, entstehen feste Überzeugungen, die immer wieder bestimmte Gefühle in uns auslösen.

Unsere Gefühle folgen dabei immer unseren Überzeugungen. Das bedeutet: Wie du über dich, die anderen und die Welt im Allgemeinen denkst wird in jedem Moment deines Lebens bestimmen, wie du dich fühlst.

Gehen wir hier auf das erste Beispiel etwas mehr ein: Nehmen wir an, du bist mit einer Freundin verabredet, um einen Film zu sehen, auf den du dich sehr gefreut hast. Eine Stunde, bevor ihr euch treffen wolltet, spricht sie dir kurz auf die Mailbox und sagt eure Verabredung ohne Begründung ab. Nun, wie fühlst du dich? Du wolltest gerade zu eurer Verabredung losfahren, und jetzt stehst du da und musst eine neue Entscheidung treffen. Bist du wütend auf deine Freundin, weil sie dich hat hängen lassen und weil du der Überzeugung bist, dass Freundschaft mit Zuverlässigkeit einhergehen sollte? Oder fragst du dich, ob bei ihr alles in Ordnung ist und vertraust darauf, dass sie einen guten Grund dafür hat? Wenn du ein unsicheres Selbstwertgefühl hast, kann eine einfache Absage schon genügen, dich in ganz schön negative Gefühle zu stürzen.

Gehst du später auch alleine in den Film? Oder fühlst du dich unwohl bei der Vorstellung, alleine auszugehen und bleibst lieber daheim? Hier könnte die Überzeugung dahinter stecken, dass die Menschen, die abends ohne jemand anderen unterwegs sind, traurig und verlassen wirken und von anderen bemitleidet werden.

Egal, wie wir handeln und fühlen, alles geschieht auf der Grundlage unserer Überzeugungen. Vielleicht hast du förderliche und positive Überzeugungen wie beispielsweise dass du eine gute

Mutter oder ein guter Vater bist, dass dir viele Chancen offen stehen, dass du an deine kommunikativen Fähigkeiten glaubst oder dass die Menschen im Grunde immer das Beste wollen. Diese hilfreichen Überzeugungen werden dir jederzeit helfen, gute Entscheidungen zu treffen und das Beste aus verschiedenen Situationen heraus zu holen.

Was ist aber mit deinen hinderlichen Überzeugungen? Diese Gedanken, die du oft nicht einmal als Überzeugung über dich und die Welt begreifst, weil „die Welt und die Menschen ja so sind?" Denn auch die einschränkenden und hinderlichen Gedanken werden deine Erfahrungen prägen.

Auch hier ein paar Beispiele dazu: Die Welt ist schlecht; alle Menschen sind gierig; dicke Menschen sind faul und undiszipliniert; man muss immer ackern, um voran zu kommen; wenn ich Geld habe, rinnt es mir sofort durch die Finger; reiche Menschen sind nicht spirituell; ich komme immer zu kurz; ich bin einfach nicht gut genug.

Viele dieser Glaubenssätze haben wir in der Kindheit von unserem Umfeld, vor allem unseren Eltern und Lehrern, gelernt. Meist werden sie dann bis ins Erwachsenendasein übernommen, ohne sie zu hinterfragen. Einen anderen Teil unserer Überzeugungen haben wir durch schlechte Erfahrungen gewonnen. Da kann es genügen, einmal von einem Hund gebissen zu werden, und ich habe gespeichert: alle Hunde sind gefährlich! Oder mein früherer Partner war nicht ganz ehrlich zu mir, und ab jetzt denke ich: man kann Männern/Frauen nicht trauen! Es versteht sich von selbst, dass ich mich von da an anders verhalten werde. Ich werde Hunden aus dem Weg gehen und mein Misstrauen wird meine Beziehungen belasten. Vor allem aber werde ich nicht mehr so lebendig und offen sein, denn diese einschränkenden Überzeugungen engen mich ein und ich fühle mich ängstlich und unfrei. Du siehst: es könnte sich lohnen, negative Überzeugungen aufzulockern und loszuwerden!

Ideen, wie du negativen Glaubenssätzen den Garaus machen kannst:

• Um überhaupt heraus zu finden, welche Überzeugungen du hegst, stelle dir vor, du würdest von einem Heißluftballon aus auf dein Leben blicken. Beobachte dich, wie du den Tag verbringst, was deine Tätigkeiten sind, welche Menschen du triffst, was du sagst und welcher Stimmung du bist. Und dann frage dich: was muss dieser Mensch denken, der diese Dinge tut und jene Dinge sagt: welcher Überzeugung ist dieser Mensch wohl, der so sein Leben führt. Diese Vorstellung hilft dir, dich von außen zu betrachten und Überzeugungen zu identifizieren, die dir vielleicht noch nicht bewusst geworden sind.

• Mach dir klar, dass alles, was du über dich und die Welt denkst, Überzeugungen sind, die dich die Welt auf eine bestimmte Weise sehen lassen. Deine Überzeugungen spiegeln NICHT unbedingt die Realität wieder. Fühle dich also frei, auch anders zu denken. Nicht immer sind langwierige therapeutische Prozesse nötig. In manchen Fällen genügt durchaus nur die Einsicht, um etwas zu verändern.

• Identifiziere ein paar Glaubenssätze, die du gerne los werden möchtest, und schreibe sie dir auf. Schreibe nun auch das Gegenteil des Glaubenssatzes auf. Zum Beispiel: Ich muss hart arbeiten, um etwas zu erreichen – Ich erreiche meine Ziele leicht und mühelos. Oder: Man kann anderen Menschen nicht trauen – Ich vertraue von Herzen.

Denke an deine hinderliche Überzeugung und fühle, was diese Gedanken in dir auslösen. Nun denke an den positiven Satz und fühle auch hier genau in dich hinein, wie die positive Aussage dich verändern würde. Meist fühlst du dich gelöster, freier und lebendiger. Es scheint so, als wäre eine Öffnung entstanden. Schreibe diesen positiven Satz auf einen Zettel. Lese ihn, fühle dich die nächsten Wochen immer wieder in die Aussage ein und beobachte langsam die Veränderung, die in deinem Leben eintritt.

• Bei hartnäckigen Denkmustern reicht es manchmal nicht, sich ihrer bewusst zu werden und sich nur mental mit ihnen zu beschäftigen. Der Verstand kann nicht alles begreifen, und um wirklich Veränderungen zu bewirken, braucht man eine energetische Lösungstechnik, die auch das Unterbewusstsein erreicht. Ich empfehle dir ausdrücklich, dich mit energetischen Methoden wie Klopfakupressur (EFT), Matrix Energetics, Kinesiologie oder den Emotionscode zu beschäftigen, um nur einige von Vielen zu nennen. Vor allem mit EFT, das ich seit vielen Jahren anwende, habe ich in zahlreichen Seminaren als Leiterin erlebt, wie Blockaden sich schnell und einfach auflösen und das Leben sich danach grundlegend zum Positiven verändert.

Geliebte Selbstoptimierung

„Bist du bereit zu glauben, dass es leicht sein kann?"

Richard Bartlett, Matrix Energetics

Im Grunde ist es verrückt, welch gnadenloser Perfektionismus sich in unserer Gesellschaft breit gemacht hat! Dabei kommt den Medien eine bedeutende Rolle zu! Diese spielen an vorderster Front mit, wenn es darum geht, Frauen und Männern eine Gehirnwäsche zu verpassen, wie man in der heutigen Gesellschaft sein soll. Aber selbst wenn man all den Magazinen und Internetseiten, in denen diese Gedanken verbreitet werden, keinen Glauben schenkt, sind wir nicht alle schon ein wenig von diesem Virus infiziert?

Vorneweg gesagt: das hier soll auch kein Loblied darauf werden, alles schleifen zu lassen und Problemen gegenüber gleichgültig zu werden. Natürlich ist es wunderbar, wenn Dinge gut laufen, man doofe Ängste oder überflüssige Pfunde loslässt und weiß, wie man sich was halbwegs Gesundes zubereiten kann. Zum Thema „gutem Leben" habe ich mit diesem Buch ja auch einiges beizutragen, wie du hier lesen kannst. Ich habe nur den Eindruck, dass das Thema „wie werde ich besser, effizienter, fitter" in den letzten Jahren ziemlich übertrieben wird.

Denn geht es im Leben wirklich darum, „perfekt" im herkömmlichen Sinne zu sein? Immer „Leistung" zu bringen? Das „Beste" aus sich herauszuholen? Sein Leben unter dem Gesichtspunkt der „Effizienz" zu leben? Ein „Gewinner" zu sein?

Der Wunsch, so perfekt wie möglich zu sein, fördert Stress und Anspannung, und wie selbst die Schulmedizin heute weiß, ist es vor allem der Stress und seine negativen Auswirkungen, der den Boden für fast alle Krankheiten und psychischen Probleme bereitet. Man fühlt sich nicht gut genug für die eigenen Ansprüche und ist nie zufrieden, denn man darf nie nachlassen, es gibt immer noch mehr zu tun. Zufriedenheit und Glück sehen anders aus. Ein Mensch, der immer dem Leistungsgedanken folgt, ist auch nicht besonders beliebt, da er fortwährend um sich selbst kreist und sich nicht besonders gut auf andere einstellen kann. Die Perfektionisten sind uns suspekt. Wer mag sie denn, die Super-Manager, die schon morgens um 5 Uhr eine Stunde trainieren, um dann um 6.30 Uhr topfit am Schreibtisch zu sitzen? Die immer schlanken, perfekt gekleideten Super-Mamas, deren Kinder schon seitdem sie drei sind mit exotischen Fremdsprachen und Musikunterricht traktiert werden? Ich erinnere mich an meine Zeit als Au-pair in Paris, als ich 19 Jahre alt war. Das 8jährige Mädchen, das ich betreute, hatte eine streng durchgetaktete Freizeit. Unter anderem musste sie zweimal die Woche zum Ballett, und sie hasste es. Auf meine Frage hin, warum sie denn weitermache, sagte sie nur ernst: Meine Mutter findet, ich bin nicht gelenkig genug! Armes Mädchen!

Natürlich hat die Selbstoptimierung auch gewisse Vorteile. Man kann sich selbst auf die Schulter klopfen und sagen: Du bist toll! Was du schon wieder geschafft hast! Wie gut du aussiehst! Das ist hervorragend für das Ego, das sich hier schön aufblasen darf. Doch wenn man in seinem Leben die Priorität bei Effizienz und Perfektion setzt, bleiben zwangsläufig andere Dinge auf der

Strecke. Was ist mit der Fähigkeit, den Moment zu genießen? Sich vom Leben überraschen zu lassen? Empathisch für andere Menschen da zu sein? Alles mal liegen zu lassen und sich zu entspannen?

Vielleicht wäre es tatsächlich viel schöner für uns, wenn alle sich entspannen und ihr Ego eine Weile in die Ecke stellen würden. Und wie bei so vielen Themen geht es hier auch um das richtige Maß. Nicht zu viel und nicht zu wenig. Oder manchmal richtig viel und dann wieder eine Weile nur ein bisschen. Oder so.

Ideen, um dieser Falle zu entgehen:

• Es ist wunderbar, auf sich zu achten und sein Leben und seine Fähigkeiten verbessern zu wollen. Achte nur auf die richtige Balance zwischen Streben und Wollen und Sein lassen und Genießen. Denn wenn du immer weiter planst, die nächste „Challenge" absolvierst, nur um dich selbst kreist, geht das Leben an dir vorbei.

• Perfektionisten möchten gerne das Gefühl haben, alles unter Kontrolle zu haben. Im Hintergrund lauert beständig die Angst, was alles in dieser Welt geschehen könnte. Doch völlige Kontrolle ist eine Illusion. Vertrauen in sich selbst und das Leben ist hier die Lösung.

• Alle Perfektionisten, die ich jemals in meinen Seminaren oder Therapie kennen gelernt habe, hatten die fixe Idee im Kopf: „Ich bin nicht gut so, wie ich bin! Ich muss mich richtig anstrengen, damit mich überhaupt jemand sieht." Deswegen: Liebe dich selbst mehr! Achte dich selbst mehr! Liebe deinen Körper und dich, so wie du bist! Diese Selbstliebe schützt dich vor Exzessen der Selbstoptimierung.

• Da das mit der Selbstliebe aber nicht so einfach ist, frage dich selbst: „Wie würde es sich anfühlen, wenn ich mich voll und ganz lieben und akzeptieren würde?"
„Welche Tätigkeiten würde ich gerne ausüben, wenn ich mich voll und ganz lieben und akzeptieren würde?"
„Wie wäre der Austausch mit anderen Menschen, wenn ich mich voll und ganz lieben und akzeptieren würde?"

Lese diese Sätze und atme dabei tief in den Bauch ein und wieder aus. Fühle dieses süße Gefühl der Liebe für dich selbst. Lasse die Antworten aus deinem Inneren kommen. Da wir fast alle ein Selbstliebe-Defizit haben, ist das eine wunderbare Übung, die dich entspannt und mit Liebe anfüllt.

Die anderen sind genauso wie du

„Und denkt dran, bevor ihr antwortet, ihr seid auch bloß verletzte Kinder."

Sarah Lesch in dem Lied „Testament"

Andere Menschen haben dieselben Sehnsüchte, Probleme, Ängste, Blockaden und Vorlieben wie du und ich. Jeder möchte lieben und geliebt werden, jeder hat Angst vor irgendetwas. Manchmal ist es geradezu erschreckend wie ähnlich unsere Probleme sind.

Ich halte seit vielen Jahren Seminare in der energetischen Lösungstechnik EFT. Bei einer Übung, die ich immer wieder mache, geht es darum die Blockaden zu benennen, die einen daran hindern ein bestimmtes Ziel zu erreichen. Obwohl die Teilnehmer ganz unterschiedliche Ziele hatten – sie wollten eine erfolgreiche Praxis als Heilpraktiker führen, ein neues Haus finden oder sich als Seminarleiter etablieren – war ich immer wieder erstaunt, wie gleichartig die Blockaden der Teilnehmer waren: Angst vor der Zukunft, vor Veränderungen oder Misserfolg, die Befürchtung man sei zu alt für neue Pläne oder der Partner ziehe bei ihnen nicht mit. Auch hartnäckige Glaubenssätze wie dem, dass Geld immer durch die Finger rinnt und man besser nicht zu viel vom Leben erwarten soll, waren häufige Themen.

Wenn wir daran glauben, dass wir uns ähnlicher sind als wir denken und uns zudem bewusst machen, wie verbunden wir Menschen miteinander sind, fällt es uns etwas leichter mit

Wohlwollen und Freundlichkeit auf unsere Mitmenschen zu blicken. Vielleicht ist der andere wie ich selbst, nur mit unterschiedlichen Eigenheiten und Herausforderungen?

Das ist vor allem eine gute Erinnerung, wenn wir mit schwierigen Menschen zu tun haben. Hier kann der Gedanke hilfreich sein, die Eigenheiten anderer nicht allzu persönlich zu nehmen, denn meist wissen wir nicht warum jemand auf genau diese oder jene Weise agiert. Vielleicht lag dieser Mensch die ganze Nacht mit Zahnweh wach und hat keine Geduld mehr meine Fragen zu beantworten. Oder mit jenem hat seine Freundin gestern Schluss gemacht und heute ist er nicht so aufmerksam wie sonst. Meist hat das Verhalten eines Menschen weniger mit einem selbst zu tun, als man spontan denkt. Manche sind grob oder unverschämt, aber so äußern sie sich, da es eben ihre Natur ist. Jeder zeigt mit seinem Verhalten wie ER oder SIE ist, nicht wie DU bist. Es ist eine gute Idee, die Verantwortung für sein Verhalten voll und ganz dem anderen zu überlassen.
Trotzdem tappt man manchmal in die Falle jemanden verändern zu wollen. Das kann doch nicht so schwer sein, pünktlich zu einer Verabredung zu kommen? Und wie kann ich ihm/ihr beibringen, nicht überall in der Wohnung Socken herumliegen zu lassen? Manch einer redet sich hier den Mund fusselig. Doch leider – so bedauernswert das ist – funktioniert das Verändern des anderen in der Regel weder mit Druck noch mit rationalen Argumenten. Du kannst dich darum bemühen, dich selbst zu verändern, aber andere Menschen sind so wie sie eben sind. Dein Einfluss auf sie ist weit geringer als du denkst. Du tust dir selbst etwas Gutes, Situationen zu vermeiden, in denen du den Drang hast andere Menschen zu verändern. Oder nutze dies als spannendes Übungsfeld, um zu lernen, den anderen so sein zu lassen wie er ist.

Es gibt allerdings eine unangenehme Ausnahme, bei der dein Wohlwollen fehl am Platz ist. Wenn jemand dich absichtlich hintergeht, schlecht über dich redet, dich manipuliert und dergleichen ist dieser Mensch dir nicht wohlgesonnen und möchte dir schaden. Wenn keinerlei Zweifel am Verhalten des anderen besteht und sich dieses auch nach einem Gespräch nicht ändert, musst du dich selbst schützen. Das ist der Moment die Bekanntschaft/Freundschaft zu reduzieren bzw. zu beenden. Verständnis für andere Menschen ist gut, aber nicht um jeden Preis. Das bist du dir selbst schuldig!

Gerade in der Familie sind Grenzüberschreitungen häufig. Aber auch hier gilt, den Kontakt zu reduzieren, wenn Gespräche nicht gefruchtet haben. Mit der Familie sind unsere tiefsten Emotionen verbunden und ein Abbruch der Beziehung kann eine große Herausforderung sein. Vielleicht reicht es auch diese anstrengende Person nur noch hin und wieder zu sehen und innerlich auf Distanz zu gehen.

Wenn du allerdings ständig von allen möglichen Leuten um dich herum genervt bist, liegt das wahrscheinlich nicht daran, dass du so furchtbare Nervensägen um dich hast. Wahrscheinlicher ist, dass es dir im Moment nicht besonders gut geht und du deine Geduld mit deinen Mitmenschen verloren hast. Hier ist nun deine Initiative gefragt: Sorge gut für dich und stelle sicher, dass du genügend Muße und Zeit hast und genau das bekommst was du brauchst, ob es anregende Gespräche sind, neue Inspirationen oder nur etwas Zeit, um auf dem Sofa den Gedanken nachzuhängen oder alleine spazieren zu gehen. Wenn du deine Batterien wieder aufgeladen hast, wirst du auch deine Mitmenschen wieder mit einem gnädigeren Auge betrachten können.

Hier noch ein paar Ideen dazu:

• Schmeiße die Energiesauger und Manipulierer aus deinem Leben raus! Wenn sie nicht gehen wollen und sich an dich klammern, dann packe deine Koffer und geh selbst. Das gilt auch für deine Arbeit; suche dir im Notfall lieber einen neuen Job. Nichts schadet deiner Psyche so sehr wie längere Zeit in einer vergifteten Atmosphäre zu leben. Das Schlimme daran ist: Du gewöhnst dich daran und hältst es irgendwann für normal! Und dabei geht deine schöne Seele kaputt. Geh lieber deiner Wege und suche dir Menschen, die dich mit Respekt und Wärme behandeln.

• Wenn deine Mitmenschen manchmal ärgerlich, nervig, neidisch, ängstlich und trübsinnig sind, nicke verständnisvoll und sage dir: „Sie sind auch nur verletzte Kinder (höre dir, wenn du magst, das schöne zu Herzen gehende Lied ‚Testament' der Liedersängerin Sarah Lesch auf YouTube an). Das Leben ist nicht immer einfach und wir haben alle mit den gleichen Problemen wie Einsamkeit oder Angst vor dem Tod zu kämpfen.

• Wenn andere Menschen dich angreifen, dir Vorwürfe machen und übermäßig kritisch sind, nimm es nicht allzu persönlich. Die Art, wie sie mit dir umgehen, sagt mehr über sie als über dich aus.

• Kümmere dich gut um dich und erfülle dir regelmäßig deine Bedürfnisse, so dass du friedlich und heiter durch deinen Alltag spazieren kannst. Wenn es dir selbst gut geht bist du auch deinen Mitbewohnern auf diesem Planeten wohlgesonnen.

Kapitel 5

Vom Umgang mit schwierigen Gefühlen

„Die Mitte der Nacht ist der Anfang des Tages.“

Demokrit, griechischer Philosoph

Gefühle wie Neid, Eifersucht, Wut und andere gehören wohl zu dem, das wir in unserem Leben am meisten vermeiden wollen. Bei all diesen unangenehmen Gefühlen ist unser erster Impuls meist: will ich nicht, mag ich nicht, schnell weg damit! Dabei können sie ein wertvoller Wegweiser sein, inwieweit wir auf der richtigen Spur in unserem Leben sind. Dazu ein Beispiel: Stelle dir vor, dass du einen guten Job ergattert hast. Du wirst gut bezahlt und kannst dir einiges leisten. Doch bald schon strengen dich die vielen Überstunden sehr an und es beginnt, dich zu belasten, so wenig Zeit für deine Familie zu haben. Aber du hast inzwischen ein Haus gekauft, das abbezahlt werden muss, also bist du finanziell auf diesen Job angewiesen. Nach vier fünf Jahren bist du immer gestresster und gehst schon bei Kleinigkeiten in die Luft. Zunehmend fühlst du dich frustriert und leer und hast unerklärliche Phasen der Traurigkeit. Du hast mit Sport aufgehört, weil du keine Energie mehr dafür hast und triffst kaum noch deine Freunde und ein paar Jahre später fühlst du dich völlig ausgebrannt und hast ein Burn-Out, Panikattacken oder einen Herzinfarkt. Es gibt viele Menschen, die mit dem Leistungsdruck heute in genau diese Falle tappen.

Vielleicht wäre es besser gewesen, etwas früher auf deine Gefühle zu hören?

Schwierige Gefühle, vor allem wenn sie immer wieder auftauchen, sind ein Hinweis, dir diesen Bereich deines Lebens genauer anzuschauen.

Gefühle sind nicht per se gut oder schlecht, sie sind einfach ein Grundbaustein, mit dem wir Menschen auf die Welt kommen. Unangenehme Gefühle zu ignorieren funktioniert – wie in dem vorgenannten Beispiel – nicht besonders gut. Wenn ein ungutes Gefühl in einer Situation, z.B. im Job oder in der Partnerschaft, nicht beachtet wird, kann es mit der Zeit stärker und stärker werden. So wächst eine kleine Ängstlichkeit zu ausgewachsenen Panikattacken oder psychosomatischen Beschwerden. Die unangenehmen Gefühle und häufig auch körperliche Probleme werden stärker und stärker und rufen so lange „Hallo", bis man sie zwangsläufig beachten muss.

In so einem Fall kannst du dich fragen: „Was ist da los, dass ich mich immer wieder so schlecht fühle?" „Was müsste ich verändern, damit es mir besser geht?" „Wo habe ich nicht gut für mich gesorgt?" Überlege dir dann, ob es hilfreich wäre, bestimmte Überzeugungen loszulassen oder etwas in deinem Leben zu verändern.

Leider sind Gefühle jeglicher Art – selbst überschäumende Freude – in unserer Gesellschaft tabuisiert. Jeder möchte „cool" sein und souverän, egal was geschieht. Doch es ist für uns gesund und normal Gefühle zu haben und sie auch auszudrücken. Sieh dir kleine Kinder an, die spontan weinen oder wütend schreien, und nach ein paar Minuten haben sie sich schon wieder beruhigt. Wenn du deine Gefühle aber immer zurück hältst und in dir vergräbst, speicherst du diese Energie in deinem Körper und deiner Seele. Bis es dann so viel ist, dass sich dieses Gefühl irgendwann heftig entladen muss in Ängsten, in schlimmen Wutausbrüchen oder in plötzlichen Weinkrämpfen. Es ist weitaus gesünder und natürlicher, unsere Gefühle täglich zu fühlen, immer wieder, und zwar alle Gefühle ohne Wertung. Und das muss bei Weitem nicht so schwierig sein, wie man sich das vorstellt. Das Schmerzhafte an den Gefühlen ist nicht das Fühlen selbst, sondern diese Gefühle unterdrücken zu wollen. Wenn du deiner Wut so richtig Raum gibst, ist das befreiend und du fühlst dich voll in deiner Kraft. Wenn du tief in die Trauer gehen kannst, ohne Widerstand, ist kaum Schmerz dabei. Du fühlst dich offen, verletzlich und frei. Wenn du deine Angst willkommen heißen und sie ohne Widerstände fühlen kannst, wird sie auch schon weniger.

Der Königsweg des Lebens: mit schwierigen Gefühlen gut umgehen

• Wenn du von schwierigen Gefühlen gebeutelt wirst ist der allererste Schritt für dich: lass deinen inneren Widerstand vollkommen los! Ersetze das laute NEIN in dir durch ein JA, wie anstrengend die gegenwärtige Situation auch sein mag und wie schlecht du dich gerade fühlst. Dieses JA bedeutet nicht, dass du alles toll finden musst, keineswegs, sondern du akzeptierst, dass es nun mal gerade so ist, wie es ist. Akzeptanz ist immer der erste Schritt zur Veränderung.

• Es ist völlig natürlich für uns, Gefühle zu haben und sie auszudrücken. Schiebe die Gefühle nicht weg und verdränge sie nicht, sondern übe dich darin, sie wahrzunehmen. Drücke den Ärger, die Angst, die Trauer in genau dem Moment aus, in dem du sie fühlst. Manchmal musst du dafür woanders hingehen, um andere Menschen nicht zu erschrecken. Aber wenn du geübt bist, sofort deine Gefühle auszudrücken, so lange sie noch klein sind, werden sie nicht groß werden müssen. Meist verändern die Gefühle sich in nur wenigen Minuten, das ist ein ganz natürlicher Prozess.

• Bei akuten schwierigen Gefühlen, die dich zu überwältigen drohen, so dass du an nichts anderes mehr denken kannst, mache zuerst die beruhigende Herzatmung, die ich schon im ersten Kapitel über Ängste beschrieben habe. Sie wird dir helfen, dich erst einmal zu beruhigen. Wenn du sehr angespannt bist, mache zuerst einen langen schnellen Spaziergang; das hilft dir, die Stresshormone abzubauen.

• Frage dich bei schwierigen Gefühlen immer, ob du dich in der Opferrolle befindest. Hast du Verantwortung abgegeben und dich selbst klein und hilflos gemacht?

• Neid ist ein Gefühl, das dir dein Leben vergiftet und dich bitter und missgünstig werden lässt. Leider sind Menschen sehr anfällig dafür. Wir müssen nur an den Sozialneid in Deutschland denken. Obwohl es so häufig vorkommt, ist Neid relativ leicht zu bewältigen. Vermeide ab jetzt konsequent, dich mit anderen zu vergleichen, egal mit wem! Nimm die Erfolge der anderen Menschen ausschließlich als Information und Hinweis wahr, dass so etwas möglich ist. Lass dir die Erfolge anderer Menschen als Inspiration dienen für das, was du ebenfalls gerne in deinem Leben tun oder haben möchtest.

• Wenn du Abschied nehmen musst oder große Veränderungen anstehen, ist Traurigkeit vollkommen natürlich und hilft dir, loszulassen. Trauer wird einfach dadurch besser, indem du dich dem Prozess des Trauern hingibst. Wenn man nach einem Verlust nicht trauert, sondern die Gefühle verdrängt, kann man diese Energie nicht loslassen und bleibt darin gefangen. Wer ausgiebig trauert, lässt die Schwere los und wird früher oder später wieder fähig sein, Freude zu empfinden.

Kapitel 6

Nimm dich selbst nicht so ernst!

„Wer sich nicht selbst verspotten kann, der ist fürwahr kein weiser Mann."

Christian Morgenstern

Erinnerst du dich an die Komödie „Bridget Jones – Schokolade zum Frühstück", die vor vielen Jahren ein Kassenknüller war? Darin gibt es eine Szene in der Bridget, nachdem ihr neuer Bekannter Mark Darcy sie auf der jährlichen Truthahn-Party ihrer Mutter als „verbal inkontinente Jungfer, die trinkt wie ein Fisch und raucht wie ein Schlot" beschrieben hat, wieder alleine zu Hause sitzt und sich voll und ganz dem Selbstmitleid hingibt. Sie raucht, besäuft sich, lümmelt auf dem Sofa, schaut sich Serien an, singt traurige Balladen und tut sich mit jeder Faser ihres Körpers furchtbar leid, was uns Zuschauern viel Spaß macht, denn – ehrlich gesagt – wer erkennt sich nicht selbst darin?
Wir haben uns wahrscheinlich alle schon einmal als bemitleidenswertes Opfer gefühlt. Das Selbstmitleid lockt uns, denn wer möchte bei all dem, was heute zu denken und zu tun ist, nicht einmal schwach sein? Sich hemmungslos gehen lassen und bemitleiden, bis es einem aus den Ohren herauskommt?
Doch dieses Muster birgt eine Falle. Je ausgiebiger man sich in seinem eigenen Sumpf wälzt, umso mehr wird man noch unglücklicher, als man es sowieso schon ist. Wir kommen aus dem Schlamassel nicht wieder raus und verärgern mit der Jammerei noch unsere Mitmenschen. Wer also dauerhaft in Selbstmitleid

zerfließt und die Schuld an seiner Misere immer beim anderen sucht, sollte dieses Verhalten zumindest überdenken.

Ich plädiere hier für einen zeitlich begrenzten intensiven Selbstmitleid-Exzess. Ich erinnere mich hier an einen heftigen Liebeskummer, der mich umtrieb, als meine Tochter sechzehn Jahre alt war. Sie sagte mir: „Mach es doch so wie ich. Wenn ich Kummer habe, gehe ich in mein Zimmer, mache mir traurige Musik rein und tue mir den ganzen Abend furchtbar leid. Und dann reicht es auch wieder." Meine weise Tochter hatte mir einen guten Rat gegeben. Bridget Jones im Film hielt sich ebenfalls an diesen Ratschlag, rappelte sich am nächsten Tag auf, bekam wieder die Kurve und am Ende sogar ihren Mr. Darcy!
Doch abgesehen von diesen sehr gelegentlichen Ausflügen ins Jammertal sollte die Regel gelten: kein Selbstmitleid, niemals!

Eine hilfreiche Denkweise, das Selbstmitleid auch wirklich gehen zu lassen, ist dich selbst nicht mehr so ernst zu nehmen. Natürlich solltest du deine Wünsche und Bestrebungen, deine Impulse und eben das, wonach dein Herz sich sehnt, ernst nehmen und durchaus auch etwas dafür tun, um deine Ziele zu erreichen.
Aber wenn etwas schief geht – was es unweigerlich wird auf diesem komplizierten Planeten – nimm es nicht zu ernst! Wenn jemand dir ans Bein pinkelt, nimm es nicht zu ernst! Wenn dir dein Lieblingspulli kaputt geht, nimm es nicht zu ernst. Wenn du wütend oder neidisch oder frustriert bist, nimm es als Hinweis, wo du momentan stehst und ansonsten: nimm es nicht zu ernst! Gefühle sind wie vieles andere flüchtig und wandeln sich schnell.

Sein Leben nicht zu ernst zu nehmen ist einer der schnellsten Wege zum glücklich sein. Und da sind sich ausnahmsweise alle Völker dieser Erde einig: Glück ist ein sehr begehrtes Gut. Aber man findet es nur, wenn einem nicht zu viel an „ich muss" oder „ich sollte" in die Quere kommt.

Dein Alltag ist voller Gelegenheiten dich und die Welt nicht allzu ernst zu nehmen. Dein Kollege hat dich nicht zu seiner Party eingeladen? Macht nichts, du magst ihn trotzdem. Deine Mutter erzählt dir, dass der Nachbar viel öfter Besuch von seiner Tochter bekommt? Du lächelst freundlich und fragst sie, was sie diese Woche Schönes vorhat. Dein Antrag auf Beförderung wurde abgelehnt? Du nimmst es nicht persönlich und schreibst bald wieder einen neuen. Du bekommst keinen Orden für deine Lebensleistung? Kein Problem! Du weißt, dass das sowieso nur ein bisschen glänzendes Metall ist.

Du bringst mit einer guten Portion „nicht zu ernst nehmen" eine Leichtigkeit in dein Leben, die dir bei allen Belangen und in allen Lebenslagen helfen wird.

Etwas eitle und auf ihre Bedeutung pochende Menschen geraten immer wieder in für sie schwierige Situationen, weil andere Menschen ihnen partout nicht den „gebührenden Respekt" erweisen wollen. Und warum sollten sie auch? Vermutlich leiden die anderen ebenso an dieser Selbstüberschätzung. Die meisten Leute kreisen am liebsten um sich selbst. Dabei hat man mit etwas Bescheidenheit und Leichtigkeit so viel mehr Spaß!

Bescheidene Menschen sind auch recht beliebt. Man ist einfach gerne mit ihnen zusammen und tauscht sich aus, weil es nicht ständig ein Gerangel um den Status gibt.

Fast alle von uns werden in hundert Jahren vergessen worden sein und vielleicht ist das auch nicht schlimm. Floate lieber bescheiden und fröhlich durch deinen Alltag, mache dir und an-

deren mit schönen Dingen eine Freude und überlasse das Auf-
geplustertsein denjenigen, die das noch nicht begriffen haben.

Hier noch ein paar Gedanken dazu:

• Wenn es nötig sein sollte, suhle dich ruhig im Selbstmitleid,
schlage mit den Fäusten auf dein Sofa ein, heule hemmungslos und sei ein armer bemitleidenswerter Tropf! Aber setze
dir dafür ein zeitliches Limit! Okay, heute Abend zwei Stunden
Selbstmitleid, dann ist es auch wieder gut! Danach stehst du
auf, wischst dir die Tränen aus den Augen und sagst dir selbst:
„Die Welt war nicht dafür gedacht, immer nur ein Spaziergang
zu sein. Aber das schaffe ich schon!" und weiter geht's!

• Sicherlich bemerkst du schnell, wenn andere Menschen in
die Wichtigkeitsfalle tappen. Bei anderen sieht man es ja immer schneller als bei sich. Übe dich darin, auch dich selbst dabei
zu erwischen: Hoppla, schon wieder! Das wird dir helfen, dich
selbst nicht zu ernst und das Verhalten der anderen nicht zu
persönlich zu nehmen.

• Male dir die Welt in 100 Jahren aus. Spaziere durch einen
Wald und stelle dir vor, wie die Bäume weiter wachsen, die
Vögel singen und auf dem Weg vor dir weiter Menschen gehen werden, auch wenn du nicht mehr auf der Erde bist. Stelle dir die Welt vor, wie sie weiter gedeiht und fortschreitet,
auch wenn du nicht mehr da bist. Wie fühlst du dich bei dieser Vorstellung? Merkst du, wie dieser Gedanke auch ein Stück
befreiend wirkt?

Autoritäten und ihre Tücken

„Großer Herren Hennen legen Eier mit zwei Dottern."

Deutsches Sprichwort

Als ich mit meinem Freund kürzlich eine kleine Schiffsreise buchen wollte, brachen wir beim Ausfüllen der Anmeldung erst einmal in Lachen aus und fragten uns, ob das wohl wirklich die richtige Adresse für uns sei. Folgendes konnte man unter anderem ankreuzen: Dr. Dr., Dr. Dr. Dr., Konsul Prof. Dr. bis hin zu Senator und Präsident.

Wir waren sehr versucht, eines dieser seltsamen Kürzel anzukreuzen! Konsul Prof. Dr., herrlich! Was uns amüsierte war die leicht zu durchschauende Absicht der Reederei, das Ego des Kunden zu streicheln. Gleichzeitig erschien es uns unfreiwillig absurd, denn wer hat schon drei Doktortitel oder ist Präsident? Kaum jemand wird dies wahrheitsgemäß ankreuzen können!

Zu jeder Zeit gab es Persönlichkeiten, die mit ihrer Energie, Neugierde und Kreativität etwas Besonderes bewirkt haben, Entdecker, Ärzte, Künstler, Wissenschaftler, Forscher, Humanisten und Denker. Diese Frauen und Männer kann man mit voller Berechtigung Autoritäten auf ihrem Gebiet nennen. Auch heute fallen dir bestimmt viele Menschen ein, die dich inspirieren, ihr Wissen mit dir teilen oder spannende Sachen erforschen. Das sind diejenigen, von denen du etwas lernen kannst, die dich auf deinem Weg weiter bringen und eine natürliche Autorität auf ihrem Gebiet sind.

Aber wer wird heute meist als Autorität in unserer Gesellschaft wahrgenommen und gehört? Oft sind es nicht die, die klug und bedacht oder voller Mitgefühl sind, sondern einfach diejenigen, die einen großen Posten ergattern konnten, mit dem eine Menge Geld oder Macht – oder beides – einhergeht. Ob in Wirtschaft, Politik, Wissenschaft oder der Kirche, stets werden Menschen als Autoritäten zitiert, die an der Spitze der Hierarchie sitzen und hier die Geschicke ihrer Untergebenen lenken. Und häufig machen sie das mehr schlecht als recht, sonst wäre die Welt nicht in diesem desolaten Zustand.

Denn liegt den Erfolgreichen an der Spitze wirklich vor allem die Sache am Herzen? Oder sind es hauptsächlich Menschen, die sich nach Macht und Geld sehnen und mit ihrer Ellbogenmentalität ihre Konkurrenten aus dem Weg boxen? Wenn ich mir beispielsweise Politiker anschaue, komme ich leider zu dem Schluss, dass es vielen von ihnen scheinbar vorrangig um ihre Posten geht. Und dabei schieben sie die wirklichen Probleme unserer Zeit wie den Klimawandel, die Armut oder die Ungleichheit einfach zur Seite.

Psychologen sagen, dass ungefähr zwei Prozent Psychopathen unter uns sind, und eine Menge davon sind in Führungspositionen zu finden. Das sind Menschen, denen Macht und Geld mehr bedeuten als alles andere und die keine Empathie für andere aufbringen. Es genügt einige der führenden Politiker und Wirtschaftsbosse heute anzuschauen. Da müssen wir uns durchaus fragen: Sind das die Menschen, denen wir zuhören und als Autoritäten akzeptieren möchten?

Autoritäten sind vor allem gefährlich, wenn wir aufhören, selbst zu denken und anfangen, alles glauben, was man uns erzählt.

Hier ein Beispiel: Vor zwei Jahren war ich wegen plötzlicher starker Rückenschmerzen zur Untersuchung in der Klinik. Während des Gesprächs mit einem Assistenzarzt rauschte kurz der Oberarzt rein, schnappte sich meine Akte und sagte mir nach drei Sekunden: „Ah, da ist ja die Frau mit den Abnutzungserscheinungen. Da machen wir eine Versteifung, kein Problem, besprechen Sie alles weitere hier." Ich war ziemlich perplex, mit welchem Gehabe er mir hier auf die Schnelle eine komplett unangebrachte Operation andrehen wollte und lehnte ab. Als der Oberarzt dann wieder − nach zwei Minuten Aufenthalt − das Zimmer verließ, fragte ich den Assistenzarzt, was er davon halten würde. Er sagte nur, dass er ganz meiner Meinung sei. Abnutzungserscheinungen an den Wirbeln habe jeder ab einem gewissen Alter, wurde ich später von meinem Hausarzt aufgeklärt. Das rechtfertigt noch keine Versteifung der Rückenwirbel. Ich fragte mich nach diesem Erlebnis, wie wohl jemand reagiert hätte, der einen Arzt noch als eine Art Halbgott wahrnimmt. Traut er sich noch nachzufragen? Oder ein Ausländer, der die deutsche Sprache nicht gut versteht. Genau so kommt es zustande, dass bei uns bekanntermaßen viele Operationen völlig unnötig sind.

Es gibt haufenweise weitere Beispiele. Manche Ärzte behaupten im tiefen Brustton der Überzeugung, dass in Deutschland niemand Vitamin D3 braucht, obwohl in Studien zweifelsfrei erwiesen wurde, dass mehr als 80 % der Deutschen einen gravierenden Mangel hat. Konzernchefs sagen, dass es leider nicht möglich sei Autos mit weniger Ausstoß von Abgasen zu bauen, weil sie noch mehr Millionen scheffeln wollen. Jäger stellen Schilder am Waldrand auf, auf denen steht, dass man auf den Wegen bleiben und nachts nicht in den Wald gehen soll, weil sie den Wald für sich haben wollen (der Wald gehört uns allen, nicht den Jägern, und wir können jederzeit überall herum laufen, wie wir wollen, und nein, man stört die Tiere nicht). Priester haben in den vergangenen Jahrzehnten die Autorität ihres Amtes genutzt, um kleine Jungs zu missbrauchen. Es gibt genügend Verdachtsmomente, Autoritäten zu hinterfragen.

Die einzige Lösung ist: Kultiviere eine gesunde Skepsis gegenüber Autoritätspersonen und mache dich in deinen Belangen zu deiner eigenen Autorität! In deinem Leben hast DU das Sagen, nicht irgendein Moralapostel, Politiker oder Kirchenoberer (und auch nicht deine Mutter!). Du bestimmst, wie du dich ernährst, was du unter Spaß verstehst, wohin du in den Urlaub fährst, welche Bücher du liest, wen du küsst, wie du dein Kind erziehst, wessen Stimme du zuhörst oder welche du ignorierst.

Im Grunde geht es darum zu lernen, dir selbst und deinem Urteilsvermögen zu vertrauen. Das ist ein Prozess, der die Basis dessen bildet, was man „Erwachsen werden" nennt! Erst wenn du auf deine eigene Stimme hörst kannst du richtig entscheiden, welchen Meinungen du eine Bedeutung in deinem Leben geben möchtest und übernimmst Verantwortung für dein Leben. Du entscheidest auch, wem du vertraust und wen du als natürliche Autorität akzeptierst. Eine gute Portion gesunder Menschenverstand gegenüber Autoritäten heißt ja nicht, das Kind mit dem Bade auszuschütten, sondern differenzieren zu lernen.

Hier noch ein paar Ideen dazu:

• Wie ich schon an anderer Stelle hier in diesem Buch geschrieben habe, ist es eine gute Idee, manche Dinge nicht allzu ernst zu nehmen. Dazu gehören definitiv falsche Autorität,

Arroganz und Elitedenken. Du kannst darüber lachen, wenn du es bei anderen bemerkst, mache aber selbst einen großen Bogen darum. Arroganz und Aufgeblasenheit hilft dir nirgendwo im Leben, im Gegenteil, damit stößt du andere Menschen nur von dir weg und schließt dich aus der Gesellschaft aus (und dort, wo Arroganz dir Türen öffnet, willst du doch gar nicht hin, oder?).

• Unsere wichtigsten Autoritätspersonen als Kinder waren unsere Eltern. Sie haben uns die Welt so vermittelt, wie sie sie gesehen haben, mit allen positiven Inhalten, aber auch samt aller Fehleinschätzungen und Einschränkungen. Um nicht die Lebensanschauung deiner Eltern kritiklos weiterzutragen ist es hilfreich, diese Überzeugungen aufzuspüren und sie gründlich zu prüfen. Wenn du erwachsen bist gilt sowieso: Deine Eltern sind deine Eltern, keine Autoritätspersonen!

• Vertraue Autoritäten nicht blind, sondern prüfe gut, ob ihr Rat hilfreich für dich ist oder nicht. Es kann sich bei schwierigen Themen wie bei gesundheitlichen Problemen häufig lohnen, noch eine oder mehrere Meinungen zu dem Thema einzuholen und dich zudem auch selbst zu informieren.

• Alle Menschen, was für eine wichtige Stellung sie heute haben mögen, waren einmal kleine Kinder und haben im Grunde dieselben Probleme und Freuden im Leben wie andere Menschen auch. Es gibt keinen Grund, dich vor solchen Menschen klein zu machen oder unterwürfig zu verhalten. Wenn du ihnen gegenüber aber deinen Respekt oder deine Anerkennung ausdrücken möchtest, ist das natürlich wunderbar, wenn du das ehrlich empfindest. Aber immer auf Augenhöhe!

• Vermeide stark hierarchische Strukturen wie beispielsweise in der Armee, denn in ihnen ist kein wirkliches Miteinander möglich. Arbeite möglichst ohne oder mit nur geringer Hierarchie mit anderen Menschen zusammen. Das erfordert zwar mehr Bewusstsein und mehr Kommunikation, fordert dich also mehr, ist aber auch weit erfüllender und lohnender.

Der Blick der anderen

„Ich will singen wie die Vögel singen,
ohne mich zu sorgen, wer zuhört oder was sie denken."

Rumi, persischer Mystiker und Dichter des 13. Jhd.

„Der Blick der anderen ist der Tod meiner Möglichkeiten", sagte schon Sartre vor vielen Jahren. Den Sinn dahinter verstehen wir in vielen Fällen nur zu gut. Die meisten von uns wurden dazu erzogen, immer freundlich und gefällig zu sein und mehr auf andere als auf uns selbst zu hören. Vielleicht bist du selbst davon betroffen, dass du dich zu sehr anpasst, auch wenn du dich gerne anders verhalten würdest? Letztendlich kannst du mit so einer Haltung nur verlieren, denn die bedeutet tatsächlich „den Tod deiner Möglichkeiten".

Ich bin im Rahmen meiner therapeutischen Arbeit mit Klienten sehr häufig an den Punkt gekommen, dass er oder sie gerne etwas tun, etwas verändern wollte, aber eine große Angst davor hatte, es umzusetzen, denn... Was würden die anderen Leute denken? Was wird meine Familie dazu sagen? Werden meine Kollegen nicht über mich lachen? Werden sie mich nicht für völlig bescheuert erklären? Wird überhaupt noch jemand mit mir reden?

Ich kann den Wunsch nach Konformität gut nachvollziehen. Jahrtausende lang war ausgeschlossen zu werden aus der Gemeinschaft eine der schlimmsten vorstellbaren Strafen, die man sich vorstellen konnte, häufig gleichbedeutend mit dem Tod. Doch heute leben wir in einer anderen Welt. Du wirst nicht ausgegrenzt, wenn du deinen Job kündigst und eine Weltreise machst. Du stirbst auch nicht gleich, wenn du dich als Liebesromanautorin outest oder deine Haare grün färbst. Die Leute schauen und reden ein wenig, aber was soll's? Du gewinnst dadurch eine ganz neue Qualität in deinem Leben. Manche werden dich sogar für deinen Mut, neue Wege zu gehen, bewundern!

Ich habe helfend viele Stunden damit verbracht, Ängste vor dem Blick der anderen auszuräumen, und deshalb weiß ich: es lohnt sich! Denn es gibt im Grunde keine Alternative zu dem, dass du aus dir heraus lebst, deine Bestrebungen und Wünsche ernst nimmst und ihnen folgst. Natürlich heißt das nicht, dass du dich aus der Gesellschaft aussteigen und jedem ans Bein pinkeln musst. Es bedeutet vielmehr, dass du der Meinung anderer Menschen den richtigen Platz in deinem Leben zuordnest. Die Liebsten um dich herum sind wichtig und vielleicht hörst du dir deren Worte etwas genauer an. Was Menschen hingegen sagen, die du nicht kennst, kann dir völlig egal sein. Auch wenn es deinen Nächsten nicht gefallen sollte, die wichtigen Entscheidungen im Leben musst du für dich alleine treffen.

Dazu gehört, dass du dich abgrenzen und nein sagen lernst. Natürlich wird dich der Unmut der anderen manchmal treffen, doch es lohnt sich, ihn auszuhalten. Denn was ist die Alternative? Du sagst ja nicht unbedingt nein zu dem anderen, sondern ja zu dir selbst und den Dingen, die dir wichtig sind. Und letztendlich überschätzen wir fast immer, in welchem Maße sich die Leute mit unserem Leben beschäftigen. Im Grunde interessieren sich andere weit mehr für ihr eigenes Leben als für uns.

Genieße die relative Anonymität deines Lebens, horche nach innen und mache dann, was du fühlst und was du möchtest. Ach auf den sogenannten „guten Ruf" und Prestige zu pfeifen lässt dich weit entspannter und glücklicher sein. Und sogar gesünder und langlebiger, wie ich einmal in einem Buch über englische Exzentriker las. England hat ja ein paar prächtige Exemplare hervorgebracht.

Was kümmert mich der Blick der anderen?

• Vergiss nicht: Du bist hier, um deinem einzigartigen Ruf zu folgen und deinen eigenen Weg zu gehen. Dazu gehört, dass du gut in dich hinein spürst, was du von dir und deinem Leben erwartest. Wenn du auf deine Impulse hörst, folgst du dem Ruf deiner Seele. Bist du dabei ungeübt, fange ruhig mit kleinen Dingen an. Möchte ich heute Abend tanzen gehen oder lieber meditieren? Was würde mir heute gut tun?

• Mache dich möglichst frei von Schuldgefühlen, Autoritätsdenken, überholten Konventionen und vor allem von fremden Meinungen, denn all das schränkt dich in deiner Freiheit ein und bringt Stress und Kummer in dein Leben. du wirst viel freier und ausgeglichener sein, wenn du nicht mehr auf die Kritik und den Tadel anderer hörst. Überbewerte auch nicht deren Lob, denn damit tappst du in die selbe Falle.

• Natürlich gehört zu einem selbstbestimmten Leben auch, dich selbst nicht allzu sehr in die Angelegenheiten anderer Menschen einzumischen. Interesse ist wunderbar, aber respektiere den Raum und die Entscheidungen jedes Menschen, vor allem innerhalb der Familie, wo die meisten Grenzüberschreitungen vorkommen. Gerade Partner werden oft mit Argusaugen betrachtet, als wären sie im wahrsten Sinne des Wortes „gebunden". Für die erweiterte Familie lohnt es sich möglicherweise, gut kommunizieren zu können, dass man keinen Wert auf Einmischung legt.

Scheitern für Fortgeschrittene

„Das Leben ist nicht so, wie es sein sollte. Es ist so, wie es ist.
Wie man damit fertig wird, macht den Unterschied aus."

Virginia Satir, bekannte Familientherapeutin

Hier geht es um das, worum wir uns – vielleicht lange Zeit – bemüht haben, worum wir gekämpft haben, in das wir viel Energie reingesteckt haben und – plopp – wie ein schlecht gebackenes Soufflé fällt es plötzlich in sich zusammen!
Und wie geht es uns dabei? Da muss man nicht um den heißen Brei herumreden: Scheitern zieht uns runter, wir fühlen uns hilflos und traurig oder verzweifelt und wütend, und häufig müssen wir uns eine Weile zurück ziehen, um unsere Wunden zu lecken und neuen Mut zu fassen.

Man könnte es als die Königsdisziplin im Leben bezeichnen, zu lernen, mit Fehlschlägen umzugehen. Wir kommen nicht umhin in unserem Leben Misserfolge zu erleben, Niederlagen einzustecken, Beziehungen aufgeben zu müssen und mit leeren Händen zurück zu bleiben. Das gehört zu unserem Leben dazu und das ist auch gut so. Denn Scheitern ist eine ziemlich effektive Möglichkeit, etwas aus dem ganzen Schlamassel zu lernen.
Hier ein paar Beispiele dazu: Du hast deinen Lover mit deiner Eifersucht vergrault? Das wird dir erst die Motivation geben, dich mit den Hintergründen deiner Eifersucht zu beschäftigen.

Du hast die Organisation einer großen Feier in den Sand gesetzt? Du kannst nun alles analysieren und das nächste Mal weißt du, an welchem Punkt du besser aufpassen musst.

Du hast viel Geld mit einer Risikoanlage verloren? Du wirst bei der nächsten Anlage genauer hinschauen und eine bessere Entscheidung für dein Geld treffen.

Das Scheitern kann dir eine wertvolle Lehre sein, wenn du bereit bist hinzusehen und zu analysieren, was geschehen ist. Dabei ist es auch wichtig, nicht allzu lange in den negativen Gefühlen zu verweilen. Alle Menschen denken mehr über ihre negative Erfahrungen als über die positiven nach. Doch diejenigen, die ihre negativen Gedanken schnell wieder loslassen können und nur wenig grübeln, verarbeiten ein Scheitern schneller als andere. Diese Stehaufmännchen sind zügig wieder dabei, aus den Scherben ihres Misserfolgs wieder etwas Neues zu bauen.

Nicht das Versagen an sich ist das große Problem am Scheitern, sondern die Bewertung, die wir ihm geben. Wir setzen Scheitern generell mit Versagen gleich, was der Sozialpsychologe Keupp auf die Erfolgsgesellschaft zurück führt: „Dem Siegeszug des Kapitalismus haben wir die Gewinner- und Verlierermentalität zu verdanken."

Und möchte nicht jeder heute ein Gewinner sein und Erfolg haben? Ja, zumindest wird es uns von den Medien suggeriert. Bei unseren Vorfahren früher waren gemeinschaftliche Werte gefragt, es ging vor allem darum, gut zusammen zu arbeiten, um zu überleben. Heute gibt es den Wettbewerb, der überall und kritiklos gefördert wird. Wer sind die besten Köche, Fußballer, Handwerker und so weiter, bis hin zu hirnverblödenden Fernsehformaten wie „Germany's Next Topmodel". Der Wettbewerb beginnt schon in der Schule mit den Noten und den Sportabzeichen. Unglaublich, wie unsere Kinder von klein auf

auf Konkurrenz getrimmt werden. Dieser Wettbewerb ist uns so in Fleisch und Blut übergegangen, dass es als vollkommen normal gilt, immer im Wettstreit mit anderen zu sein. Wer nicht zu den Besseren gehört, hat schnell das Gefühl, nicht dazu zu gehören, ein Verlierer und in der Gesellschaftshierarchie nicht viel wert zu sein.

Mit diesem Denken entsteht ein enormer Druck und alle, auch die Gewinner, leiden darunter, denn der Stress betrifft jeden, auch die Gutgestellten. Vom Staat wird dies gefördert, denn nur mit Konkurrenz und dauerndem Wettstreit – so denken viele – kann die Gesellschaft vorangebracht und die Wirtschaft gefördert werden. Menschen, die ihre Zeit lieber mit gemeinschaftlichem Arbeiten und Spielen verbringen, ohne Konkurrenzkampf, sind zufriedener mit dem, was sie haben. Das ist nicht im Sinne der Politik, denn das würde ja sein Credo vom „ständigen wirtschaftlichen Aufschwung" beeinträchtigen.

Verrückt, oder? Wir dienen dem System, anstatt dass es uns dient!

Zuviel Wettbewerb macht einsam und egozentrisch. Mit sehr geringer oder keiner Hierarchie zusammen zu arbeiten und zu gestalten macht zufrieden und glücklich. Scheitern wäre dann kein großes Problem mehr, da man nicht unter Missbilligung zu leiden hätte, wenn die Dinge mal nicht so laufen wie geplant. Das wäre gesellschaftlich eine gewaltige Umorientierung. Zum Glück gibt es immer mehr Menschen, die an diesem Konkurrenzspiel nicht mehr teilnehmen möchten. Du wirst selbst ungemein davon profitieren, mit den Themen Konkurrenz und Scheitern anders umzugehen.

Finde die Lust am Scheitern:

• Nimm hin, dass Fehlschläge und Scheitern zum Leben dazugehören. Tabuisiere es nicht. Eigne dir ein gewisses Maß an Gleichmut und Gelassenheit an, um mit dem Unerwarteten umzugehen. Das wird dir große Dienste leisten, auch bei anderen Krisen in deinem Leben. Sage dir: „So ist es eben jetzt, es wird auch wieder besser für mich laufen. Jetzt mache ich das Beste daraus."

• Höre nicht auf andere Menschen, die dich und dein Leben kommentieren. Das sollte schlichtweg uninteressant für dich sein. Du entscheidest selbst über dein Leben und wenn etwas schief geht, kannst du es auf ein Neues versuchen. Und wenn es wieder schief geht, wieder, oder etwas anderes! Lass dich nicht von jammernden und missgünstigen Mitmenschen runterziehen und gehe deinen Weg.

• Nimm dein Scheitern als eine der großen Gelegenheiten im Leben wahr, um etwas zu lernen. Analysiere genau, warum es nicht geklappt hat, nimm dir einige Zeit, um deine Gefühle zu verarbeiten und dann ist es Zeit, wieder neuen Abenteuern entgegen zu schauen.

• Um deiner Gelassenheit etwas nachzuhelfen, rücke dein Scheitern in die richtige Perspektive. Überlege, wer du wohl in zehn Jahren sein wirst und wie wichtig dieses Scheitern im Nachhinein gewesen sein mag. Vermutlich lange nicht so schlimm, wie du heute annimmst.

Was man von Miss Marple lernen kann

> *„Nun, Herr Oberinspektor, ich bin immer auf der Höhe,*
> *egal, was passieren mag!"*
>
> *Miss Marple im Film „Mörder Ahoi",*
> *nachdem der Inspektor andeutete, ihr ginge es nicht gut.*

Was für ein Spaß, alle paar Jahre die alten Miss Marple-Filme anzuschauen! Letztes Jahr um Weihnachten herum liefen alle Verfilmungen der älteren und gewitzten Amateurdetektivin im Fernsehen, und ich sah wieder begeistert vom Sofa aus zu.

Wer Miss Marple nicht kennen sollte: sie ist eine Romanfigur aus mehreren Krimis von Agatha Christie. Die schrullige und schlaue Miss Marple wurde von der Schauspielerin Margaret Rutherford herrlich eigensinnig gespielt und variiert deutlich von der Romanfigur, die sanfter und zerbrechlicher angelegt ist. Ich habe mich gleich in Miss Marple und ihrem Gehilfen, den Bibliothekar Mr. Stringer, verliebt. In jedem Plot stolpern sie über einen Mord und machen sich auf, jeder Spur und allen Ungereimtheiten zu folgen. Dabei kosten sie dem zuständigen Kommissar und den örtlichen Amtsträgern viele Nerven.

Eigentlich ist Miss Marple nicht dafür prädestiniert, Mörder zu verfolgen. Sie lebt alleine, ist ziemlich rund, mit einem riesigen Doppelkinn und um die fünfundsechzig Jahre alt. Sie kocht und strickt gerne und liest mit Begeisterung Kriminalromane, die ihr häufig wertvolle Hinweise zur Lösung ihrer Fälle geben. Ihren nachmittäglichen Tee mit Keksen lässt sie sich nur ungern entgehen. Ihr engster Vertrauter ist der Bibliothekar Mr. Stringer, der ihr gerne bei ihren Eskapaden beisteht oder in letzter Sekunde hilft, sich aus den Fängen des Mörders zu befreien.

In dem Film „Vier Frauen und ein Mord" ist Miss Marple eine von mehreren Geschworenen, die einen Mordfall beurteilen sollen. Trotz des Überdrusses aller Beteiligten, die den angeblich vollkommen klaren Fall abschließen möchten, hält sie unbeirrbar an der Unschuld des Verdächtigen fest. Recht eigensinnig hat sie keine Probleme damit ihre Haltung zu begründen und macht sich dann energisch auf, den wahren Mörder zu finden.

In „Mörder Ahoi" wickelt Miss Marple den Kapitän bei einem kurzen Besuch seines Schiffes „Battledore" so gekonnt um den Finger, dass er – was sie beabsichtigt hatte – ihr anbietet, über Nacht zu bleiben und ihr sogar seine Kapitänskajüte anbietet. „Wie ist es denn dazu gekommen?", fragt er danach verwundert den ersten Offizier. „Sie haben es ihr angeboten, Sir."

Lass dich von Miss Marple inspirieren:

• Miss Marple ist eigensinnig und geht entschlossen ihren Weg. Sie scheut keine Mühe, lässt sich nicht ablenken und ist sich für nichts zu schade, wenn sie ihr Ziel erreichen will. In „16 Uhr 50 ab Paddington" lässt sie sich beispielsweise kurzerhand als Haushälterin eines tyrannischen Hausherrn auf dem Anwesen engagieren, in dessen Nähe sie den Mord beobachtete.

• Miss Marple nimmt nichts persönlich, egal ob ihr etwas direkt ins Gesicht gesagt wird – was öfters vorkommt – sie an der Wand lauscht, wie sie etwa als alte Schreckschraube tituliert wird. Liegt sie selbst mal falsch, macht es ihr keine Probleme, sich mit Würde zu entschuldigen.

• Miss Marple hat ein hervorragendes Selbstbewusstsein und vertraut sich selbst und ihrer Wahrnehmung, auch wenn alle anderen sie für verrückt halten. Besonderen Spaß macht es zu sehen, wie sie diverse Heiratsanträge gekonnt ablehnt oder unsentimental Abschied nimmt. Selbstironisch und mit trockenen Humor gesegnet ist sie nie um eine Antwort verlegen.

• Miss Marple behandelt alle Menschen, ungeachtet ihres Status oder ihres Äußeren, mit gleicher Freundlichkeit – auch wenn sie ihren Gehilfen Mr. Stringer, der im wahren Leben ihr Ehemann war, gerne mal durch die Gegend scheucht.

Hier die vier Filme in der Reihenfolge ihres Erscheinens:

16 Uhr 50 Uhr ab Paddington
Der Wachsblumenstrauß
Vier Frauen und ein Mord
Mörder Ahoi

Die Qual der Wahl

„Was tun? sprach Zeus.“

Friedrich Schiller

Oh ja, diese Qual kennen wir, nicht wahr? Sie beginnt schon bei kleinen Dingen wie beispielsweise der Entscheidung, welche Marmelade wir kaufen wollen. Die US-Psychologin Sheena Iyengar fand in einer Studie heraus, dass Kunden, die 24 verschiedene Sorten Marmelade probieren durften, weniger kauften als diejenigen, die nur sechs Sorten Marmelade zur Auswahl hatten. Psychologisch ist das leicht erklärt: Wenn viele Möglichkeiten zur Auswahl stehen, hat man im Grunde immer das Gefühl, etwas Falsches gewählt zu haben. Eine Überzahl an Möglichkeiten stresst uns und macht unzufrieden, denn immer schwingt die Sorge mit, doch nicht das Beste ausgesucht zu haben!

Dabei ist es ganz unerheblich, ob es sich nur um Marmelade oder um bedeutendere Entscheidungen handelt. Viele verschiedene Faktoren, die zu berücksichtigen sind, überfordern unseren Verstand. Denn dieser kann viele Daten gleichzeitig nur schlecht verarbeiten. Unser Unterbewusstsein hingegen hat alle Informationen parat und kann uns hervorragend den Weg weisen, wenn wir bereit sind, in uns hinein zu spüren. Tatsächlich machen das viele Menschen automatisch bei Entscheidungen: sie sammeln alle Fakten und schieben die Entscheidung noch ein wenig auf, um eine Nacht darüber zu schlafen. Somit hat das Unterbewusstsein Zeit, sich mit den neuen Informationen, mit denen es gefüttert wurde, auseinanderzusetzen. Am nächsten Tag spürt man meist deutlich, in welche Richtung man tendiert oder welche Entscheidung sich am besten anfühlt. Dieses Bauchgefühl ist also nicht nur irgendein belangloses Gefühl, das man zugunsten des Verstandes getrost zur Seite legen kann, sondern ein hervorragender Wegweiser für unsere Entscheidungen.

Tatsächlich kenne ich einige Leute, die große Schwierigkeiten mit Entscheidungen haben; und gewiss nicht nur mit den Wichtigen wie „soll ich kündigen und ins Ausland gehen?", sondern auch mit banalem Alltagskram wie „kaufe ich die schwarze oder blaue Hose?". Ich stelle immer wieder fest, dass Menschen mit Entscheidungsschwierigkeiten ihrem Bauchgefühl und ihrer eigenen Intuition nicht vertrauen. Sie wälzen alle Pros und Kontras hin und her und können sich teilweise Wochen oder Monate mit einer Frage quälen. Manchmal treffen sie mühsam eine Entscheidung, um sich danach nicht minder durch die Frage zu martern, ob diese Entscheidung richtig war oder ob sie sie nicht lieber zugunsten einer anderen wieder zurück nehmen sollen. Das absorbiert einiges an Aufmerksamkeit und bindet enorm Energie.

Trifft man durch langes Überlegen bessere Entscheidungen? Nein, nicht unbedingt! Ein gewisses Abwägen ist natürlich klug und umsichtig, ein Zuviel davon aber lähmt uns und verführt uns dazu, irgendwann ad hoc irgendeine Entscheidung zu treffen, nur damit dieser quälende Zustand endlich ein Ende findet. Alternativ wird die Entscheidung vertagt, bis das Leben selbst für einen entscheidet. Wenn ich zum Beispiel verschiedene Studienfächer zur Auswahl habe und zu keinem Ergebnis komme, ist irgendwann die Einschreibefrist abgelaufen und ich habe mich ebenfalls entschieden: für kein Studium. Die Frage ist nur, ob ich wirklich glücklich damit bin. Es ist verrückt, wie schwer wir es uns manchmal selbst machen!

Dabei ist es im Grunde gar nicht mal so wichtig, wie du dich entscheidest! Denn wahrscheinlich wirst du dich nach egal welcher Entscheidung genau so fühlen, wie es deiner Natur entspricht. Bist du ein sonniger fröhlicher Typ, wirst du dich mit Entscheidung A oder Entscheidung B gut fühlen. Schaust du eher pessimistisch oder ängstlich in die Welt, wirst du dich auch nach egal welcher Entscheidung eher schlecht fühlen.

Im Grunde hast du bei jeglicher Entscheidung die Wahl zwischen vier Möglichkeiten:

1. Ich entscheide mich dafür und fühle mich gut
2. Ich entscheide mich dafür und fühle mich schlecht
3. Ich entscheide mich dagegen und fühle mich gut
4. Ich entscheide mich dagegen und fühle mich schlecht

Nun kannst du überlegen, welcher Typ du bist! Stellst du jede Entscheidung in Frage und haderst noch Tage oder gar Monate, gehörst du zu Typ 2 oder 4. Das würde zum Beispiel bedeuten, dass du die Stelle in Köln annimmst, dich dann aber immer wieder fragst, ob Hamburg nicht doch besser gewesen wäre.

Oder machst du aus allem das Beste und hast auch keine Probleme damit, einen eingeschlagenen Kurs fröhlich wieder zu korrigieren? Dann willkommen bei Typ 1 und 3. Das würde bedeuten, du gehst entweder nach Hamburg oder Köln und egal, wo du bist, du machst es dir schön.

Zu welchem Typ möchtest du denn gerne gehören?

Weitere Gedanken zu Entscheidungen, damit du gewappnet bist:

- Hole dir genügend Informationen zu den verschiedenen Möglichkeiten ein. Informiere dich, sodass du einen guten Überblick über die Vor- und Nachteile bekommst. Hole dir eventuell den Rat von Menschen ein, die etwas von der Materie verstehen. Aber übertreibe es nicht! Du musst nicht über jedes Detail Bescheid wissen. Wie gesagt: ein guter Überblick reicht.

- Wenn du genügend Informationen eingeholt hast, lass diese unbewusst reifen, indem du eine Nacht oder etwas länger Zeit vergehen lässt. Denke in dieser Zeit am besten überhaupt nicht über die verschiedenen Möglichkeiten nach. Geh schwimmen oder ein Eis essen. Je bedeutender die Wahl für dein Leben, umso wichtiger ist es, nicht sofort eine Entscheidung zu treffen.

- Wir neigen bei verschiedenen Alternativen dazu, diejenige auszuwählen, die uns vertrauter ist. Dies führt aber nicht immer zu der besten Entscheidung. Unser Gehirn schüttet Dopamin aus, wenn wir etwas Bekanntes erkennen, was ein angenehmes Gefühl auslöst. Unbekanntes hingegen hat es erst mal etwas schwerer. Sich dieser Neigung bewusst zu sein kann uns helfen, auch Unbekanntem eine Chance zu geben.

- Strebe keine Perfektion an. Wenn etwas ziemlich gut ist, ist es meist gut genug. Wenn du immer dem Perfekten hinterher jagst, kann es gut sein, dass du am Ende ohne etwas da stehst. Wenn du unter vielen Möglichkeiten wählen musst, dann schaue dir das erste Drittel genau an, ohne zu wählen, dann weißt du, was das Spektrum bietet. Wähle dann von den Folgenden dasjenige aus, was dem Besten des ersten Drittels entspricht. So musst du nicht alle Möglichkeiten ausprobieren und hast trotzdem die Sicherheit, dass deine Wahl sehr gut ist.

• Wenn du sehr lange über eine Entscheidung nachgrübelst und einfach zu keinem Ergebnis kommst, dann tu es!

• Ich habe hervorragende Erfahrungen damit gemacht, eine höhere Instanz um Inspiration, welchen Weg ich einschlagen soll, zu bitten. Das könnte folgendermaßen lauten: „Hallo Universum, bitte gib mir einen deutlichen Hinweis, wie ich mich entscheiden soll." Und dann sei offen dafür, woher diese Inspiration auch kommen mag! Ein Nachbar sagt irgendwas, du siehst etwas beim Vorbeifahren auf einem Schild, du schlägst ein Buch auf und was du dir ins Auge fällt gibt dir einen deutlichen Hinweis. Das funktioniert hervorragend! Ein bisschen Vertrauen dabei hilft!

• Wenn du doch eine falsche Entscheidung getroffen haben solltest, dann geißele dich nicht dafür. Du bist ein Mensch, also wird es auch Fehler in deinem Leben geben. Das ist unvermeidlich und völlig normal. Reue macht das Ganze nicht ungeschehen, sondern kostet dich nur Lebenszeit und Energie. Wenn andere Menschen beteiligt sind, kann es natürlich nicht schaden, dich eventuell zu erklären und zu entschuldigen. Stehe zu den Konsequenzen deiner falschen Entscheidung! Und manchmal zeigt die Zeit sogar, dass die vermeintlich falsche Entscheidung die richtige war.

• Keine Entscheidung ist so wichtig, wie du jetzt gerade denkst. Bring ein bisschen Leichtigkeit ins Spiel hinein. Mach dir außerdem klar: Du kannst dich jetzt sofort und jederzeit neu entscheiden und einen neuen Kurs einschlagen! Manchmal sorgen diese Umschwünge erst für die richtige Würze im Leben.

Plädoyer für ein herzhaftes Autodidaktentum

„Wer schwimmen lernen will, muss ins Wasser."

Holländisches Sprichwort

Sicher kennst du den Typus des unabhängigen Forschers, der in vergangenen Jahrhunderten mit enormer Leidenschaft ausgestattet durch die Lande zog und bedeutende Entdeckungen machte.

Natürlich hatte dieser Forscher oder diese Forscherin keine Universität besucht und niemand hatte ihm oder ihr ein Zertifikat ausgestellt, auf dem steht, dass er oder sie befähigt sei, Archäologie, Naturkunde oder Anatomie zu betreiben. Nein, diese mutigen Frauen und Männer forschten selbstständig, folgten ihren eigenen Ideen und ließen sich ansonsten von niemandem hinein reden.

Denke nur an Jane Goodall, die schon lange Schimpansen beobachtete und all ihre Zeit diesen interessanten Tieren widmete, bevor sie wissenschaftliche Anerkennung fand. Oder an Richard Buckminster Fuller, der als Schriftsteller, Designer, Wissenschaftler, Architekt, Forscher und Entwickler arbeitete und jung sein Studium abbrach, um sich danach alles selbst zu erarbeiten. Oder an Friedrich Schiller, Steve Jobs und viele andere.

Alles Autodidakten, die ihrer Leidenschaft gefolgt sind und sich nicht abhalten ließen, genau das zu tun, was sie tun wollten.

Ich bin ein großer Fan des selbständigen Lernens und tatsächlich glaube ich, dass viele Dinge in meinem Leben einfacher und interessanter verlaufen sind, weil ich immer wieder diesen Weg, mir etwas selbstständig anzueignen, gegangen bin. Zum Beispiel: ich bin, weil ich diesen öden Frontalunterricht nicht mehr aushielt kurz nach Beginn der elften Klasse von der Schule gegangen und hatte beschlossen, Abitur mit Fernkurs und darauf folgender Schulfremdenprüfung zu machen. Ich besorgte mir den Stoff des Abiturs und lernte in den zweieinhalb Jahren der Vorbereitung im Durchschnitt ein bis zwei Stunden am Tag. Anstatt in der Schule zu sitzen verbrachte ich meine Zeit mit vielen spannenden Dingen: ich reiste sechs Wochen durch Korsika und drei Monate durch Neuseeland, wo ich mit anderen Reisenden zusammen ein Hostel führte. Ich jobbte, immer wenn ich Geld brauchte, als Küchenhilfe, Babysitterin, Fahrerin, in der Fabrik, im Büro. Wenn man alle möglichen Jobs mal erfahren hat, weiß man danach genau, was man in seinem Leben auf keinen Fall machen möchte! Ich gewann in dieser Zeit eine Menge Lebenserfahrung, hatte viel Spaß und das Abitur klappte ebenfalls. Wichtiger noch: ich gewann das Vertrauen, dass ich mich immer durchschlagen kann im Leben. Für mich war das ein sehr guter Weg.

Nicht jeder sollte die Schule verlassen, für manche ist es genau das Richtige. Aber es gibt immer unterschiedliche Wege etwas zu erreichen, und manchmal sind genau diese Wege interessanter und aufregender. Im Laufe meines Lebens habe ich mir vieles was ich beruflich brauche selbst angeeignet. Ich bin Seminarleiterin für Klopfakupressur und Meditation, schreibe Bücher und habe einen eigenen Verlag. In alle Bereiche musste ich mich hineinarbeiten und ausprobieren, Fehler machen, üben, Leute fragen und vor allem immer weitermachen.

Nun ist mir klar, dass autodidaktisches Lernen nicht für alle Tätigkeiten sinnvoll ist, denn wenn ich zu einem Arzt gehe, erwarte ich durchaus, dass er oder sie ein gutes Studium als Grundlage hat. Aber es gibt viele Bereiche, die keine reglementierte Ausbildung erfordern. Viele meiner Seminarteilnehmer haben mir erzählt, dass sie Massagen anbieten, einen Laden eröffnen oder ein Buch schreiben möchten. Und meist tun sie es doch nicht, weil sie nicht wissen, wie sie anfangen sollen. Aber wenn man sich endlich aufrafft und einfach beginnt, führt ein Schritt ganz natürlich zum nächsten. Hat nicht Goethe schon gesagt: „Jedem Anfang wohnt ein Zauber inne…"?

Meine Tochter zum Beispiel hat mehrere Praktika im Bereich Filmschnitt gemacht und dann angefangen zu arbeiten, zu Beginn für nur zehn Euro die Stunde. Jetzt, nach mehreren Jahren, verdient sie als freischaffende Filmeditorin hervorragend und kann sich ihre Projekte selbst einteilen. Nach einem Abschluss ist sie niemals gefragt worden, ihre Arbeitsproben sprechen für sich.

Tatsächlich beobachte ich in Deutschland eine starke Fixierung auf Abschlüsse und Zeugnisse. „Ich will etwas in der Hand halten", wünschen sich viele Menschen und überlegen nicht, ob das auch in allen Fällen wirklich nötig ist. Und weil dieser Abschluss eine so große Hürde ist, bleibt der Traum unerfüllt. Natürlich sind Schule und Universität sinnvolle Institutionen, doch leider werden die Schüler und Studenten häufig in ein enges System gepresst. Man lernt auch viel unnützes Zeug, und wichtige Dinge werden erst gar nicht erwähnt. Unter dem Vorwand der angeblich fehlenden „Wissenschaftlichkeit" werden zum Beispiel an der Universität viele sinnvolle Ansätze klein gehalten. Ein Freund von mir erzählte mir beispielsweise von seiner Professorin im Archäologiestudium, die sich früher immer über die sogenannten Heimathirsche, Hobbyarchäologen und Heimatkundler lustig gemacht habe. Dabei liefern diese Menschen einen unbezahlten und wichtigen Beitrag, der ihnen obendrein noch große Freude macht. Viele wichtige Kulturdenkmäler wären ohne sie noch nicht entdeckt worden.

Du kannst dir viel alleine erarbeiten durch gute Bücher, Onlinekurse, Seminare, das Ausfragen von Menschen, Praktika und vor allem durch ausprobieren und immer weiter machen. Und irgendwann wirst du dich bereit für die Öffentlichkeit fühlen. Dieses Gefühl bereit zu sein bekommst du, wenn du genügend erfahren und gelernt hast, um deine Tätigkeit auszuüben. „Jetzt habe ich genug über Kuchen backen und Abrechnungen gelernt, so dass ich dieses kleine Café mit meinen eigenen Kuchen und Torten eröffnen kann", oder „ich weiß so viel über Computer und Sicherheit im Internet, dieses Wissen biete ich jetzt Firmen an."

Irgendwann muss der Punkt kommen, an dem du dich selbst ermächtigst! Keine Instanz oder Institution kann dir das abnehmen, das kannst nur du tun.

Manche Menschen, häufig Frauen, neigen dazu, Abschlüsse und Zertifikate zu sammeln und sich niemals bereit zu fühlen. Dieser Mangel an Selbstbewusstsein führt dann dazu, dass sie auf Dauer in einer Position verharren und sich niemals ihre Träume erfüllen. Schade um all die verpuffte Energie und all die unerfüllten Wünsche. Trau dich und gehe einen Schritt nach dem anderen!

Werde Autodidakt!

• Überlege dir zuerst, wie du leben willst. Wenn du die Natur liebst und viel draußen sein möchtest, passt das nicht mit einem Computerjob zusammen. Wenn du ein Morgenmuffel bist, solltest du nicht Lehrer werden. Wie zeitlich und örtlich flexibel soll deine Arbeit sein? Ist es in Ordnung, wenn du immer an einem Ort bist und von acht bis 16 Uhr nachmittags arbeitest oder brauchst du mehr Abwechslung? Überlege dir als nächstes die Tätigkeiten, die du am liebsten machst. Kannst du diese irgendwie kombinieren? Wenn du eine Idee oder ein Ziel hast, fange mit dem ersten Schritt an, z.B. Literatur darüber zu besorgen.

• Lass dich von fehlenden Abschlüssen nicht aufhalten. Viele Zeugnisse kannst du auch in Seminaren und Abendkursen nachholen oder du pfeifst gleich darauf und eignest dir das Thema selbstständig an.

• Wenn dir etwas Neues vorschwebt, suche dir Fachleute und frage sie, wie sie zu ihrer Arbeit kamen. Du wirst merken, dass viele Wege nach Rom führen. Du kannst auch um Tipps oder ein Praktikum bitten. Über Jahrtausende hinweg war das Meister-Schüler-Verhältnis die natürliche Art des Lernens. Ich kenne zum Beispiel eine erfolgreiche Jugendbuchautorin, die regelmäßig Praktikanten Einblick in ihre Autorentätigkeit gewährt. Das ist unglaublich wertvoll für die Schüler. Die meisten Menschen sind sehr hilfsbereit und freuen sich, wenn man Interesse zeigt und um Hilfe bittet.

• Überlege, ob du der Typ bist, der gerne selbstständig arbeitet. Viele Berufe können auch selbstständig ausgeübt werden.

Das ermöglicht dir mehr Freiheit und Selbstbestimmtheit. Es ist schlichtweg nicht wahr, dass selbstständig arbeiten bedeutet, keine Zeit mehr zu haben. Dafür solltest du dich selbst motivieren und ein bisschen kalkulieren können und auch nicht an übertriebenen Existenzängsten leiden. Die meisten selbstständig arbeitenden Menschen, die ich kenne, wollen nicht mehr darauf verzichten.

Meine Meinung, deine Meinung

„Jenseits von richtig und falsch gibt es einen Ort.
Hier können wir einander begegnen."

Rumi, persischer Dichter und Mystiker des 13. Jhd.

Es gibt unglaublich viele Fakten, Thesen und Fragen, mit denen ein Mensch in unserer komplizierten Welt tagtäglich konfrontiert wird.

Welche Entwicklungshilfe hilft den Dritte-Welt-Ländern am besten? Verändert der Gebrauch des Smartphones das Gehirn Jugendlicher? Wie kann der Klimawandel am schnellsten begrenzt werden? Wie soll man Flüchtlinge am besten integrieren? Sind Nahrungsergänzungsmittel gesund oder überflüssig? Wie kommt man am besten gegen Rassismus an? Welche Science-Fiction-Filme sind die Tollsten? Gibt es effiziente Wege die Lebenserwartung zu steigern?

Themen über Themen, und jeder hat dazu eine Meinung dazu, ganz egal, ob er etwas davon versteht oder nicht. Frage dich selbst: bist du – Hand aufs Herz – so umfassend informiert, dass du genau begründen kannst, was du in Gesprächen von dir gibst? Oder lässt du dich dazu hinreißen, zu jedem Thema einfach eine spontane Meinung zu haben, auch ohne genügend Hintergrundwissen? Wenn ja, stehst du nicht alleine da! Denn Meinungsmache ist nicht nur am Stammtisch verbreitet, jeder fühlt sich heutzutage dazu berufen, lautstark seine Ansichten zu allem und jedem wieder zu geben. Nicht nur die zahlreichen Kommentare unter den Beiträgen Spiegel oder Zeit sprechen davon, auch die Journalisten selbst sehen ihre Aufgabe immer weniger in der Vermittlung von Fakten, sondern möchten vermehrt ihre persönliche Sicht der Dinge in die Welt hinausposaunen. Gespräche zwischen Menschen laufen häufig auf folgendermaßen ab: der eine sagt seine Meinung, der andere sagt seine Meinung; dann sagt der erste seine Meinung ein bisschen lauter. Zudem wird häufig über die Zukunft spekuliert, also über Dinge, die man überhaupt nicht wissen kann. Gewinnen die Deutschen wieder die WM? Das ist eine Frage, die im Sommer 2018, bevor die deutsche Mannschaft sang- und klanglos unterging, ebenso ausgiebig wie sinnlos von Hunderttausenden diskutiert wurde.

Offensichtlich haben Menschen die Neigung, gefragt oder ungefragt zu Allem ihren Senf dazu zu geben. Es könnte sich aber hin und wieder lohnen, diesem Impuls, einfach drauflos zu blubbern, zu widerstehen. Keine Meinung haben zu müssen gibt ein gutes Gefühl der Leichtigkeit und Freiheit (siehe dazu auch das Kapitel: Nimm dich selbst nicht so ernst). Wenn jemand dich nach deiner Meinung zu einem Thema fragt, bei dem du dich nicht wirklich auskennst – also fast alle Themen – kannst du einfach sagen: „Damit habe ich mich noch nicht genug beschäftigt." Du wirst ratlose Blicke ernten, hast dir aber eine mehr oder minder sinnlose Kommunikation erspart und Zeit und Energie gewonnen.

Wenn du dich aber auf einem Gebiet wirklich gut auskennst, wirst du deine Gesprächspartner bereichern, wenn du sie an deinem Wissen teilhaben lässt. Denke allerdings nicht, dass du andere Menschen so leicht von deinen Argumenten überzeugen kannst. In psychologischen Studien verliefen entsprechende Versuche sehr enttäuschend. Menschen, die fest von einer

Idee überzeugt waren, die nicht der Realität entsprach, glaubten noch fester daran, nachdem man ihnen gegenteilige Fakten präsentiert hatte. Die Psychologen erklären sich das so, dass es wichtiger ist, das Gefühl der Identität zu behalten, das mit dieser Idee einhergeht, als sie zu ändern.

Hier ein Beispiel: Die aus der Luft fotografierten Bilder des Platzes vor dem weißen Haus zeigten bei den Amtseinführungen der Präsidenten Obamas und Trump weitaus mehr Menschen bei Obama. Es ist auf dem Foto schlichtweg nicht zu verkennen, dass weite Flächen bei Trump leer blieben. Trotzdem behaupten 15 % seiner Anhänger, dass auf dem Bild mit den leeren Flächen mehr Menschen als in Obamas Bild zu sehen sind. Ich musste wirklich lachen, als ich diese Bilder sah. Es ist absurd, wie Menschen sich in eine Idee verbeißen können. An dem Spruch, dass man andere Menschen nicht ändern kann, ist etwas dran!

Kleine Kinder saugen kritiklos die Meinung ihrer Eltern auf, bis sie alt genug sind, alles in Frage zu stellen. Als Erwachsene haben wir leider immer noch häufig die Tendenz, die Ansichten und Ideologien unseres Umfeldes zu übernehmen. Es lohnt sich, sich hin und wieder bewusst zu fragen: Was denke ich von mir selbst und meinen Mitmenschen? Was denke ich über die Welt?

Hier noch ein paar Ideen dazu:

• Meine Meinung :-) ist: wir verstehen unsere komplizierte Welt nicht sehr gut! Halte dich deshalb mit Ansichten und Meinungen zurück, die du nicht wirklich gut durchdacht hast! Wenn du darüber nachdenkst, wirst du wahrscheinlich zu dem Schluss kommen, das das auf fast alles zutrifft. Von diesem Meinungsballast befreit wirst du dich leichter und freier fühlen. Außerdem ist es hilfreich bei dem Unterfangen, dich selbst nicht allzu ernst zu nehmen.

• Sei besonders vorsichtig bei Meinungen von Autoritätspersonen oder den Medien. Bewahre dir ein unabhängiges Denken, indem du Meinungen von Fakten unterscheidest und dir verschiedene Quellen ansiehst/anhörst. Sei besonders achtsam bei dogmatischen und fixen Ideen.

• Wenn alle deine Freunde und deine Umgebung einer bestimmen Meinung sind, erlaubst du dir trotzdem, eine andere Meinung zu haben?

Definiere nicht!
Leben ohne Label

„Wer die Freiheit aufgibt, um Sicherheit zu gewinnen,
wird am Ende beides verlieren."

Benjamin Franklin, einer der Urväter der amerikanischen Verfassung

Als Kind, noch in der Grundschule, war ich mit Ilona und Doris befreundet. Ich habe zahlreiche Erinnerungen daran, wie ich mit einer von beiden zusammen durch das Dorf ziehe, Gummitwist hüpfe oder bei einer der beiden übernachte. Hingegen kann ich mich nicht daran erinnern, dass wir drei auch nur einmal etwas zusammen unternommen hätten. Denn es gab entweder Ilona und Doris, die beste Freundinnen waren, oder Ilona und Evelyne, oder Evelyne und Doris. Uns zu dritt zu treffen, hätte dieses ungeschriebene Gesetz des Beste-Freundinnen-Konzepts ins Wanken gebracht. „Du bist jetzt meine beste Freundin, und die soundso finde ich richtig blöd." Kommt euch das bekannt vor? Kleine Mädchen können ganz schön bescheuert sein! (Wie es bei den Jungs abläuft, habe ich keine Ahnung, vielleicht ähnlich?). Ich habe manchmal unter diesem emotionalen Wechselspiel gelitten und hatte doch keine Idee, wie ich das hätte ändern können. Unsere gesamte Grundschulzeit ging das so, bis wir alle auf verschiedene Schulen kamen und uns aus den Augen verloren.

Kleine Kinder betrachten die Welt frei und ohne Vorurteile; das ist einer der Gründe, warum es so erfrischend ist, Zeit mit ihnen zu verbringen. Wenn sie aber in die Schule kommen, rinnt langsam Sand ins Getriebe und die Konditionierung schreitet unaufhaltsam voran. Offensichtlich hatten wir Freundinnen bereits in der Grundschulzeit Überzeugungen, die uns damals unser Leben kompliziert gemacht haben. Wäre es hingegen nicht schön gewesen, einfach zusammen zu spielen, ohne uns definieren zu müssen? Wären wir dann nicht viel freier gewesen?

Für Erwachsene ist das ein noch größeres Thema, denn jeder Mensch zwängt sich in unterschiedlichste Definitionen. Ob Vater, Mutter, Angestellter, Ärztin, Schwabe, Katholik, Mitglied der SPD, Realist, Hundehalterin, Tennisspieler, Cabriofahrer, das schwarze Schaf, die Stütze der Familie und so weiter, ich definiere mich danach, woher ich komme, was ich mache und mit wem ich zusammen bin. Diese Definitionen, diese Label, geben uns Sicherheit und ein Gefühl der Geborgenheit, deswegen haben sie eine wichtige Funktion für uns.

Aber manchmal werden diese Label zu einengend. Wir merken, dass wir uns eine künstliche Box erschaffen haben, die unseren Erfahrungsraum begrenzt und unsere Möglichkeiten einschränkt. In Beziehungen, vor allem in romantischen, wird das besonders deutlich, denn hier gibt es meist große Erwartungen und Einschränkungen. Gesellschaftlich akzeptiert ist Monogamie und ständiges Zusammensein. Andere Konzepte wie offene Beziehungen und die Idee, auch andere lieben zu dürfen, lösen häufig Angst und Ablehnung aus.

Diese einengende Box kann sich überall zeigen. Hier ein paar Beispiele: Lisa geht nicht zu einem interessanten hinduistischen Ritual, weil sie katholisch ist. Martin würde gerne Ballett tanzen, traut sich aber nicht, weil er es irgendwie auch unmännlich findet. Mo stellt in Firmensitzungen nicht die Erfolge ihrer Abteilung heraus, weil sie Angst hat als Frau zu offensiv wahrgenommen zu werden. Miriam ist Vegetarierin, also erlaubt sie sich nicht hin und wieder ein bisschen Lachs zu essen, auf das sie eigentlich Lust hat. Hans würde gerne mit Mara tanzen gehen, aber dann würde Maras Mann sauer werden. Tom ist verheiratet und Vater dreier Kinder und findet es jetzt nicht mehr passend, mit seinen Kumpels auf dem Motorrad zu Musikfestivals zu fahren.

Vielleicht gibt es da etwas, was dir bekannt vorkommt. Wenn wir uns zu sehr definieren, schränken wir uns und unsere wunderbare Lebenskraft ein. Wir stutzen uns selbst unsere Flügel. Um die Labels und Definitionen etwas loszulassen brauchen wir allerdings genügend Vertrauen in uns selbst, um unseren Weg zu gehen. Denn dann sind wir ungebundener, aber auch weniger gestützt. Dazu braucht man Vertrauen und Mut.

Gedankliche Spielereien zum Leben ohne Label:

• Stelle dir vor, du bist ganz frisch auf die Erde gekommen. Du weißt natürlich, dass du in dieser bestimmten Wohnung wohnst, bestimmte Dinge gerne tust und bestimmte Menschen kennst, aber stelle dir trotzdem vor, dass du keine Vergangenheit hast. Du bist ein Küken, frisch aus dem Ei geschlüpft. Vielleicht wohnst du in Deutschland, aber du definierst dich nicht als Deutscher, sondern als lebendes Wesen. Vielleicht hast du einen Mann oder eine Frau, aber du definierst dich nicht über die andere Person. Es gibt nur diesen jetzigen Moment, in dem du lebst, atmest und mit anderen Menschen interagierst.

Wie verändert dich dieses gedankliche Experiment? Fühlst du dich möglicherweise freier und unbelasteter?

• Wie wäre es, wenn du beschließen würdest, dem Fluss des Lebens einfach zu vertrauen? Du triffst Menschen, die du gerne sehen möchtest und machst Dinge, auf die du im Moment Lust hast. Wenn du für die Zukunft Verabredungen und Verpflichtungen getroffen hast, ist es gut, integer zu sein und sie einzuhalten. Doch du schaust genau auf dein Gefühl, welche Verpflichtungen du neu eingehen möchtest. Und kannst dann auch nein sagen. Immer wieder neu. Ja oder nein, wie es dir gut tut.

• Welche Dinge hast du dir bisher verboten, weil du dich in einer bestimmten Rolle definiert hast? Würdest du gerne nachts in einem Club tanzen gehen, aber in deinem Alter macht man das nicht mehr? Möchtest du gelbe Hosen tragen, hast aber Angst, dass die Leute sich über dich lustig machen? Möchtest du gerne laut auf der Straße singen, aber verbietest es dir immer? Hast du keine Lust auf die nächste Familienfeier und möchtest lieber alleine wandern gehen?
Mache dir bewusst: Dies ist deine kostbare Lebenszeit und die Jahre vergehen schnell. Würde es sich nicht lohnen, genau das ernst zu nehmen, wohin es dich von Herzen zieht und was dich ausdrückt?

Die richtigen Fragen stellen

„Der Kopf ist rund, damit das Denken die Richtung wechseln kann."

Francis Picabia, französischer Schriftsteller und Maler

Wie erfüllend und erfolgreich dein Leben verläuft – natürlich nach deinen Kriterien – hängt nicht nur von deinen Glaubenssätzen und Einstellungen ab, sondern auch von den Fragen, die du dir gewohnheitsmäßig stellst. Um die wenig hilfreichen von den hilfreichen Fragen unterscheiden zu können, hier ein paar Beispiele an Fragen, die geeignet sind, dich unglücklich und bitter werden zu lassen:

Warum passiert das immer mir? Wieso schaffe ich das nicht? Wieso hat meine Nachbarin es so einfach und ich nicht? Warum fällt mir nie etwas ein, wenn es darauf ankommt? Wieso ist mein Sohn nur so abweisend? Warum habe ich damals die falsche Entscheidung getroffen? Wie konnte ich nur so dumm sein? Warum liebst du mich nicht mehr? Warum warst du so blöd, das zu machen?

Bei jeder Frage, die du stellst, wird dein Unterbewusstsein automatisch nach einer Antwort suchen. Welche Antwort wird dein Inneres wohl finden, wenn du dich fragst: Wieso bin ich nicht so erfolgreich wie meine Kollegin? Vermutlich keine, die dir gefällt!

Mit negativen Fragen bestätigst du dich in deiner (vermeintlichen) Hilflosigkeit, jammerst oder verurteilst dich gar selbst. Das ist weder hilfreich, um deine Probleme in den Griff zu kriegen noch fühlst du dich nach einer solchen Frage besser. Das Perfide dabei ist, dass dieser innere Monolog meist unbewusst abläuft. Mehr Achtsamkeit ist also der erste Schritt, dich deiner Frageroutine überhaupt bewusst zu werden. Wenn du aufmerksam mit deinen Gedanken und deinen Äußerungen bist, werden dir destruktive Fragen schneller auffallen und du kannst mitten in der Frage stoppen. So wirst du mit der Zeit lernen, das gewohnheitsmäßig Negative loszulassen.

Mit positiven Fragen hingegen fühlst du dich in deiner Kraft und voller Energie. Gute Fragen besitzen die Eigenschaft, den Raum zu für etwas Neues öffnen. Eine gute Frage schafft neue Möglichkeiten und hilft dir, deinen Horizont zu erweitern. Sie ermöglicht neue Perspektiven im Hinblick auf deine Ziele und wird dir das, worauf du deine Aufmerksamkeit richtest, näher bringen. Im Grunde mag dein Unterbewusstsein keine offenen Fragen und wird sofort Antworten finden wollen. Dein Denken wird auf völlig neue Dinge gelenkt. Dir systematisch und regelmäßig gute Fragen zu stellen hat das Potential, dein Leben von Grund auf zu verändern.

Hier einige Fragen, die mir wunderbare Dienste geleistet haben. Lass dich von ihnen inspirieren, denn natürlich gibt es noch viele weitere gute Fragen:

Macht mich das glücklich?
Was kann ich tun, um dieses Ziel zu erreichen?
Wie könnte ich noch mehr Freude und Leichtigkeit in mein Leben bringen?
Was brauche ich, um von Herzen zufrieden zu sein?

Wie kann ich schöne Beziehungen zu meinen Mitmenschen führen?

Auf was habe ich heute wirklich Lust?

Wie könnte ich mir diese Aufgabe etwas leichter gestalten?

Wer wäre ich ohne dieses Problem?

Wie würde es sich anfühlen, wenn ... ?

Was kann ich daraus lernen?

Zu was kann das gut sein?

Möchte ich wirklich derjenige sein, der das gerade tut? (bei Zweifeln, ob eine bestimmte Handlung richtig ist)

Du kannst auch sehr detaillierte Fragen bezüglich deiner Wünsche und Ziele stellen. Wie gesagt: Dein Unterbewusstsein wird sich sofort auf machen, Antworten zu finden. Zudem sind solche Fragen eine verdammt gute Möglichkeit, sofort fantastische Laune zu bekommen:

Wie kann ich heute den bestmöglichen Abend verbringen?

Warum fühle ich mich jetzt gerade so voller Energie?

Was macht diesen Tag so wunderbar besonders?

Warum habe ich die wundervollsten Kinder der Welt?

Wie kann ich meinem Partner noch näher kommen?

Wie kann ich mir einen großen Spaß daraus machen, die Wohnung durch zu putzen?

Welche tollen Ideen habe ich, die mir den Wunsch ermöglichen, ein Jahr lang um die Welt zu reisen?

Wie kann ich diesen Winter einen Monat am Meer verbringen und jeden Tag mit Delphinen schwimmen?

Warum finden jeden Tag die nettesten Kunden zu mir?

Du wirst merken, dass du dich bei solchen Fragen schon allein deswegen besser fühlst, weil du sie gestellt hast. Die Antworten kommen dann irgendwann, als intuitive Eingebung oder plötzliche Idee. Und manchmal geht es auch nicht darum, eine Antwort zu bekommen, sondern eher um die generelle positive Ausrichtung.

Tipps für das richtige Fragen:

• Suche dir für den Einstieg ein paar Fragen aus, die dich besonders ansprechen. Es ist hilfreich, deine Fragen aufzuschreiben und eventuell auch schriftlich zu beantworten. So bist du konzentrierter und wenn du etwas schriftlich darlegst, bekommt es eine zusätzliche Bedeutung. Verpflichte dich für mehrere Wochen jeden Tag zu dieser Übung und schaue dann, was geschieht.

• Vertraue darauf, dass die Antworten auf deine Fragen sich zeigen werden, auch wenn du gerade keine Ahnung hast, was es sein könnte. Manche Fragen sind für unser Leben von so großer Bedeutung, dass es sich lohnen kann, auf die Antwort zu warten. Manchmal entwickelt sie sich über längere Zeit. Doch das Besondere an dieser Art zu fragen ist sowieso, dass die Fragen wie ein Wegweiser für dich fungieren. Nicht du musst aktiv eine Antwort finden, die Antwort findet dich. Frage und entspanne dich danach.

Kapitel 16

Loslassen

„Man kann nur eine leere Schüssel füllen."

Volksweisheit aus China

Die wunderbare Schriftstellerin Donna Tartt beschreibt in ihrem Buch „Der Distelfink", wie der 13jährige Theo seine Mutter bei einem Terrorangriff verliert und daraufhin zu seinem verantwortungslosen Vater zieht, Freundschaften eingeht, drogensüchtig und ein Betrüger wird und sich in all dem Trauma immer wieder an dem Bild eines Distelfink des Meisterschülers Rembrandts Carel Fabritius festhält, das ihm von einem Sterbenden während eines Angriffs im Museum gegeben wurde. Die Schönheit des Bildes hilft ihm, die Welt und das Leben zu ertragen.
Alle Bücher Donna Tartts sind mit ihrer psychologischen Finesse und ihrem Einfallsreichtum sehr empfehlenswert („Die geheime Geschichte" ist geradezu ein Erlebnis!) und auch wenn die Themen ihrer Bücher vielschichtig sind, das „Loslassen" von Menschen und Dingen ist ein immer wiederkehrendes Motiv.
In einem Interview sagte Donna Tartt im Jahre 2014: „Denn wir alle werden alle verlieren, die wir lieben. Niemand kommt hier lebend raus. Es wäre falsch, zu glauben, dass Tragödien nur anderen passieren, denn sie werden uns alle treffen."

Diese Sätze mögen zuerst sehr defätistisch klingen, doch nach kurzem Nachdenken können wir nur zustimmen. Unsere Lieben und wir selbst werden irgendwann sterben, und darüber haben wir keine Kontrolle. Auch wenn sich Vieles im Leben kontrollieren lässt, hier stoßen wir an unsere Grenzen. Wir können uns nur entscheiden, ob wir das „große Loslassen" als Tragödie oder als natürlichen Lauf der Welt erleben, dem wir uns beugen.

Was nach dem Tod geschieht, können wir nicht mit Sicherheit sagen. Wir haben alle sehr verschiedene Vorstellungen davon. Doch ich bin mir sicher, dass mit dem Tod auch etwas Neues beginnt.

Letztendlich ist die größte Freiheit und auch die größte Herausforderung, die wir haben, wie wir die Geschehnisse in unserem Leben bewerten. Denn Glück und Zufriedenheit finden wir nicht in Statussymbolen oder auf dem Bankkonto, sondern nur in uns selbst.

Immer wieder im Leben müssen wir das Loslassen üben. Wir müssen umziehen, der Partner verlässt uns, der geliebte Hund stirbt oder die Kinder ziehen in eine andere Stadt. Dann macht auch noch das Lieblingskino zu und der Lieblingspullover ist zu klein gewaschen. Etwas loslassen zu müssen ist Teil unseres Lebens.

Wir können trauern und mit dem Leben hadern, doch wenn wir zu lange in diesen Emotionen verharren, werden wir verbittert und unglücklich. Irgendwann ist der Zeitpunkt gekommen, sich von dem Verlorenen abzuwenden und nach vorne zu schauen. Das Schöne am Loslassen ist ja, dass immer wieder Raum für Neues entsteht. Das Vakuum möchte gefüllt werden. Erst wenn du deinen Kleiderschrank leerst, hast du Platz für schöne neue Hosen und Pullis. Wenn du deine alten Verletzungen loslässt, heißt das nicht, dass das Geschehene in Ordnung war, sondern dass du unbelastet von Schmerz und Schwere ein neues Kapitel anfängst. Neue Erfahrungen, neue Freundschaften und neue Partner warten sozusagen in der Warteschleife des Lebens darauf, dass du den Blick nach vorne richtest und dich öffnest. Und wer sagt denn, dass alles, was kommt, nicht noch viel schöner und grandioser ist als das, was hinter dir liegt?

Eine hilfreiche Einstellung könnte sein: Loslassen heißt das Leben anzunehmen, wie es ist. Loslassen heißt, zu akzeptieren, dass es immer wieder Sand im Getriebe geben wird und ich bereit bin, damit umzugehen. Loslassen heißt, zu wissen, dass ich nicht perfekt bin und auch nicht perfekt sein muss. Loslassen heißt, bereit zu sein, alte Verletzungen loszulassen, nicht für die anderen, sondern für mich. Loslassen heißt, zu wissen, dass ich meine Gedanken und Gefühle beeinflussen und steuern kann (oder es zumindest lernen kann). Loslassen heißt, neue Möglichkeiten in meinem Leben willkommen zu heißen. Loslassen bedeutet Veränderung.

Ideen zum täglichen Übens des Loslassens:

• Übe dich regelmäßig im Loslassen von kleinen Dingen, dann bist du schon gewappnet, wenn es daran geht, auch die etwas größeren loszulassen. Hier geht es um Prioritäten, denn wir haben alle kleine Gewohnheiten oder Verhaltensmuster, die uns in unserer Freiheit und unserem Glück einschränken. Du wirst merken, wie gut es tut, immer wieder freiwillig etwas gehen zu lassen.

• Gautama Buddha sagte schon vor über 2500 Jahren: „Alles ist Veränderung". Nimm dir regelmäßig Zeit, um über diesen Satz nachzudenken. Wenn alles Veränderung ist, bedeutet das auch, dass es immer wieder gilt, etwas Altes loszulassen und etwas Neues willkommen zu heißen.

- Was kannst du gewinnen, wenn du loslässt? Was sind die kurzfristigen und langfristigen Vorteile? Wie wirst du dich fühlen, wenn du loslässt? Und auch andersherum gefragt: Was wirst du verlieren, wenn du weiterhin nicht loslässt? Ängste beim Loslassen sind übrigens völlig normal, die meisten Menschen haben Angst vor Veränderungen. Die Frage ist, ob man trotz der Angst bereit ist, das zu tun, was einem langfristig gut tut, auch wenn es Neues mit sich bringt.

Surfen durch eine komplizierte Welt

„Es ist kein Anzeichen von seelischer Gesundheit,
an eine zutiefst gestörte Gesellschaft angepasst zu sein."

Krishnamurti, indischer Mystiker

Manchmal will ich einfach nichts mehr davon hören! Die Medien bombardieren mich unablässig mit Nachrichten, von denen geschätzt 98 % das Potential haben, mir schlechte Laune zu machen. Im Internet, Fernsehen, im Radio, überall läuft diese eine Soße: Es ist alles ganz schlimm! Und pass auf, es kommt noch schlimmer!

Mindestens genauso viele Nachrichten wollen mich dazu bewegen, mir das neue XY zuzulegen oder endlich mal YZ auszuprobieren. Im Grunde bin ich konstant damit beschäftigt, mir diese Stimmen irgendwie vom Leib zu halten. Und wenn ich mich ihnen hingebe, beispielsweise an irgendwelchen Seiten im Internet hängen bleibe, fühle ich mich danach schlecht, als hätte ich einen Schundroman gelesen und mir nebenher zwei Hamburger rein geschoben. Und ich möchte wetten: Dir geht es nicht viel anders als mir!

Wir werden im Alltag mit einer Menge an Informationen überflutet, die wir auf Dauer nicht verkraften können. Wir sind einfach nicht dafür gemacht. Über Jahrtausende hinweg haben wir in kleinen Gruppen von Menschen zusammengelebt. Wir verbrachten unsere Zeit im Grünen und waren mit Jagen und Sammeln vielleicht 15 Stunden die Woche beschäftigt. Veränderungen geschahen meist gemächlich. Unsere Seele ist nach wie vor auf diese Seinsweise gepolt. Kein Wunder, dass uns die Welt, wie sie sich entwickelt hat, massiv überfordert. Viele Menschen können ein Lied davon singen: Burnout-, Stress- und Angsterkrankungen nehmen seit Jahren zu und selbst Menschen, die noch in der Welt gut „funktionieren", ächzen unter den steigenden Anforderungen.

Es gibt so Vieles, was in unserer Welt zu viel ist: zu viele Menschen um uns herum, denen man sich fremd fühlt; zu viel Arbeit, die zu erledigen ist; zu viele Stimmen, die uns zu etwas bewegen wollen; zu viel Leistungsgesellschaft; zu viel Konkurrenzdruck; zu viel Lärm; zu viel Beton, zu viele Autos und im Grunde überall zu viele Möglichkeiten, von denen uns suggeriert wird, dass wir keine verpassen sollten! Und das ist nur eine kleine Auswahl dessen, was unser Leben kompliziert macht.

Eigentlich bräuchten wir mehr hiervon: in der Natur sein; aufgehoben sein in einem Kreis von Menschen, zu denen man gehört; in der Stille sein; verbunden sein; mehr ungeteilte Aufmerksamkeit; mehr durch die Wiesen und Wälder wandern; mehr sinnvolle Arbeit gemeinsam mit wohlwollenden Menschen; mehr auf einer Butterblume herumkauen und die Wolken beobachten, wie sie vorbei ziehen.

Vielleicht ist es nicht so, wie alle sagen, dass wir uns der Welt in jedem Aspekt anpassen müssen. Wir müssen nicht multimedial und multitasking durchs Leben gehen und blind für die Schönheiten werden, die am Wegesrand liegen. Nicht umsonst gab es in den letzten Jahren einen großen Trend hin zur Natur. Die Menschen haben das Bedürfnis nach Einfachheit und dem Wesentlichen. Städter pachten sich ein Grundstück und bauen selbst Gemüse an oder werden Mitglied bei der solidarischen Landwirtschaft. Immer mehr Menschen empfinden ihre ausufernden Besitztümer als Ballast und sortieren kräftig aus. Brot backen und Wildkräuter sammeln ist wieder in Mode gekommen und die Hühnerhaltung boomt. Bücher über Bäume werden jahrelange Bestseller, was in den 90er Jahren unvorstellbar gewesen wäre.

Wir können unsere Welt ein großes Stück weit so gestalten, wie es uns gut tut. Die Welt in ihrem heutigen Zustand ist kein unabänderliches Schicksal. Dass wir beispielsweise globale Autofahrer sind ist eine Folge von bestimmten Entscheidungen. Wir hätten uns auch dafür entscheiden können, den Schienenverkehr zu unserem Hauptverkehrsmittel zu machen. Unser Finanzwesen ist nicht in Stein gehauen, sondern wurde von uns so gestaltet. Der ungebremste Kapitalismus ist nur eine Wahl!

Wir können anfangen zu überlegen, in welcher Welt wir leben möchten und aufhören, wie Schafe in der Herde mitzulaufen. Wir können neue Entscheidungen treffen und damit unsere Welt neu gestalten. Viele kleine Entscheidungen jeden Tag summieren sich zu Bewegungen und großen Veränderungen. Wenn uns die Welt zu kompliziert erscheint, ist dann nicht die perfekte Lösung: Machen wir uns die Welt wieder einfach! Das kann man bei sich im Kleinen beginnen.

Ideen für eine einfachere und genießbare Welt:

• Prüfe ein paar Tage lang, was die Medien mit dir machen. Wie fühlst du dich, nachdem du Zeitung gelesen, im Internet herumgestöbert oder Radio gehört hast? Fühlst du dich gestärkt, ausgeglichen und glücklich? Mach einfach ein Experiment. Verordne dir eine gewisse Zeit lang Nachrichten- und Socialmedia-

Entzug. Das ist für die meisten Menschen eine große Herausforderung. Aber nur so kannst du feststellen, wie es sich ohne dieses Bombardement an negativen Nachrichten und ständiger belangloser Kommunikation anfühlt zu leben.

Falls du denkst, du müsstest über alles, was in der Welt vor sich geht, informiert sein, frage dich, wozu? Hat es wirklich eine Auswirkung auf dein Leben? Musst du wirklich wissen, dass ein Bus irgendwo auf einem anderen Kontinent den Abhang runter gerast ist? Immer wenn ich mir mal eine Weile Medienentzug verordnet habe, war ich erstaunt darüber, dass in der Zeit nicht viel passiert war. Die bedeutenden Nachrichten wirst du auch so mitkriegen, weil andere Menschen darüber reden werden.

• Wenn du am Smartphone hängst und ohne mediale Dauerpräsenz unruhig und nervös wirst, dann bist du wahrscheinlich schon süchtig. Du hängst sprichwörtlich an der Nadel. Frage dich ehrlich, was du verpasst, wenn du nicht alle drei Minuten auf deinen Display schaust und verordne dir kalten Entzug. Das kann auch erst mal nur für ein paar Stunden jeden Tag sein.

• Ständig zu konsumieren ist anstrengend! Was man alles an Energie benötigt, allein um sich über die neuesten Entwicklungen bei Handys und Computern zu informieren. Mein Vorschlag: lass es bleiben. Vieles ist eigentlich nur eine Spielerei und kostet dich zusätzlich Zeit und Geld. Spar dir deine Energie lieber für Dinge, die du wirklich liebst oder um Zeit mit deinen Lieben zu verbringen.

• Sei selektiv mit allem, was dein Leben betrifft. Du musst nicht überall an vorderster Front mitmachen, irgendetwas wirst du in diesem Leben sowieso immer verpassen! Manchmal ist weniger auch mehr. Welche Freunde möchtest du treffen, welche

Bücher lesen, welche Nahrung zu dir nehmen, was sind deine liebsten Beschäftigungen?

- Verbringe regelmäßig Zeit in der Natur, im Wald, auf Wiesen, an Seen! Das ist deine natürliche Heimat, die deine Seele nährt. Lass deinen Körper von der Sonne bescheinen und mache, kurz gesagt, nichts! Leerlauf und Muße sind absolut nötig und bringen wieder Leichtigkeit, Freude und Kreativität in dein Leben.

Die Illusion der romantischen Beziehung

„Man braucht keine zwei Menschen für eine glückliche Ehe.
Dafür reicht einer. Du!"

Byron Katie, Begründerin von The Work

Dieses Kapitel wird dir möglicherweise Bauchschmerzen berei-
ten, denn vermutlich bist du – wie 98 Prozent der Bevölkerung
– von der Illusion der romantischen Liebe befallen. Es gibt kaum
eine Idee, der wir so hartnäckig anhängen und kaum eine Falle,
in die wir so willig hineinfallen wie in diese.
Die Literaturkritikerin Felicitas von Lovenberg hat einmal geschrieben, dass die romantische Liebe die letzte große Ideologie sei, die der Welt noch geblieben ist. Und eine Ideologie ist
sie wohl tatsächlich. Haben wir nicht alle diesen Wunschtraum?
Jemanden zum ersten Mal zu erblicken und es macht „boom"?
Unsere Augen versinken ineinander und es ist klar: die Liebe hat
uns überfallen! Nie werden wir voneinander genug bekommen!
Jetzt sind wir für die Ewigkeit zusammen! Verliebtheit ist die
Illusion, dass die andere Person all unsere Bedürfnisse erfüllen
und immer für uns da sein wird. Die ganze Film und Musikindus-
trie lebt von der Beschreibung dieser Ekstase – und vom Kummer, wenn der Rausch wieder vorbei ist!
Doch nicht umsonst hören die Geschichten im Film meist bei
der Hochzeit auf, lange bevor sie mit strähnigen Haaren müde

das Baby wickelt und er gerne mal einen zu viel trinkt und danach Pornos schaut.

Diese erste Zeit der Verliebtheit ist ein Geschenk, das uns in den Schoß fällt. Die Magie ist einfach da. Doch nach den ersten Monaten oder dem ersten Jahr, je nachdem, wie lange die erste Verliebtheit anhält, beginnt die Desillusionierung. Er/sie ist ja doch nicht so toll, wie ich dachte! Er/sie hört plötzlich auf, mir alle Bedürfnisse zu erfüllen! Manche Menschen fühlen sich dann richtiggehend betrogen. Ich erinnere mich an einen früheren Freund, der mir nach den ersten Monaten frischen Verliebtseins wütend an den Kopf warf: „Du hast mich getäuscht, Du bist ja gar nicht so, wie du mir zu Beginn vorgemacht hast." Da muss ich immer noch grinsend den Kopf schütteln, wenn ich daran denke.
Normalerweise leben wir eine Beziehung so, wie wir es vor langer Zeit gesehen und gelernt haben. Leider hatten wir nicht immer kompetente Lehrer, um es mal vorsichtig zu formulieren. So haben wir gelernt, dass Eifersucht und Besitzdenken normale Elemente einer Beziehung sind und jeder darum kämpft, die Oberhand zu behalten. Die folgenden Sätze verdeutlichen das Gegenüber einer neurotischen zu einer erwachsenen Liebe.

Die gewöhnliche/neurotische Liebe sagt: Endlich ist jemand da, der mir alle meine Wünsche erfüllt. Du gehörst mir. Du bist die Quelle meiner Liebe. Ohne dich bin ich nichts, mit dir alles. Ich will jeden Moment des Tages mit dir zusammen sein. Ich liebe dich, wenn du so bist, wie ich dich haben will. Ich muss kontrollieren, mit wem du sprichst oder mit wem du dich triffst, denn du gehörst nur mir. Ich verstecke Teile von mir, denn ich möchte dir nur das Angenehme von mir zeigen. Unsere Liebe ist statisch und fest. Wenn du nicht tust, was ich möchte, manipuliere ich dich.

Die außergewöhnliche/erwachsene Liebe hingegen sagt: Ich bin selbst verantwortlich für mein Leben und mein Glück. Wenn ich nicht glücklich bin, gebe ich nicht anderen die Schuld, sondern habe selbst nicht gut für mich gesorgt. Liebe geschieht, weil ich liebe. Ich gehöre mir, und du gehörst dir. Ich bin die Quelle meiner Liebe. Ich zeige mich authentisch und bin ehrlich zu dir. Ich liebe dich, weil du so bist, wie du bist, und dabei unterstütze ich dich, auch wenn es gegen meine Interessen gehen sollte. Liebe ist im Überfluss da. Unsere Liebe ist lebendig und verspielt und darf sich verändern.

Wir sind für unsere Beziehungen verantwortlich. Wir erzeugen die Qualität unserer Beziehungen und auch all unserer sonstigen Verbindungen zu anderen Menschen. Um kompetenter zu werden müssen die meisten von uns alte Muster loslassen und sich von überzogenen Erwartungen an den Partner lösen. Das ist manchmal nicht einfach, denn diese Muster geben Sicherheit. Wenn diese wegfallen, bricht aber auch ein Korsett weg, das die ursprüngliche Liebe hat starr und eingefahren werden lassen. Freiheit und Flexibilität sind aber unabdingbar für eine schöne Liebe, die lebendig und erfüllend ist. Dazu gehört es, dass sich authentisch und ehrlich zu zeigen.
Kehrt dann für immer Harmonie ein? Oh nein, gewiss nicht! Du wirst immer noch manchmal Wünsche an deinen Partner haben, die er dir nicht erfüllen kann oder will. Du wirst immer noch manchmal enttäuscht werden. Aber eure Beziehung wird eine Tiefe, Ehrlichkeit und Authentizität erleben, von der du vielleicht gar nicht wusstest, dass du sie früher vermisst hast.

Ideen für eine wunderbare Liebe:

• Ab dem Moment, in dem du dich verpflichtest, die Quelle der Liebe in deinem Leben zu sein, übernimmst du die Verantwortung für dich. Das heißt auch, dass du aufhörst, überall Beweise dafür zu suchen, wie sehr du geliebt und geschätzt wirst. Das macht dich frei, denn du machst dich so von anderen unabhängig. Wie viele Menschen machen nur bestimmte Dinge, weil andere es von ihnen erwarten? Wenn du dich als die Quelle der Liebe siehst, hast du eine weit größere Entscheidungsfreiheit und innere Stärke. Das Leben ist geradezu berauschend und voller Überraschungen.

• Übernehme radikale Verantwortung für deine Beziehung. Das heißt nicht, dass du in einer manipulativen und verletzenden Beziehung bleiben musst. Hier ist es besser zu gehen, um dich selbst zu schützen. Erlaube dir in deiner Beziehung keine Schuldzuweisungen mehr, kein Klagen, keine Jammerei, keine Rechtfertigungen. Kultiviere statt dessen Zeit zu zweit, klare Kommunikation, liebevolle Aufmerksamkeit und ruhiges Zuhören.

• Beschließe hiermit, das höchste Potential in deiner Beziehung zu erreichen. Lass dich dabei von den Hinweisen, die ich zur erwachsenen Liebe geschrieben habe leiten und beobachte, was geschieht.

Geliehene Schätze

„Aller Besitz ist vom Schicksal geborgt."

Seneca, römischer Philosoph

Auf der Liste der meistgenannten Wünsche steht bei vielen Menschen: reich werden, am besten Millionär! Heute tut es wahrscheinlich nur noch der mehrfache Millionär, denn was ist schon eine popelige Million? Aber hier stellt sich eine ganz andere Frage: würde uns das viele Geld auch wirklich glücklicher machen?

Zu genau diesem Thema gibt es interessante Erkenntnisse. Der Ökonom Richard Easterlin begründete Mitte des letzten Jahrhunderts die aufstrebende Glücksforschung und erforschte viele Jahre lang den Zusammenhang zwischen Geld und Glück. Er fand heraus, dass Wirtschaftswachstum erstaunlicherweise nicht zwangsläufig bedeutet, dass Menschen glücklicher werden. Beispielsweise verglich er die Zufriedenheit von Amerikanern im Jahr 1946 mit der von 1970. Obwohl sich der Lebensstandard sehr gesteigert hatte und nun fast jeder ein Auto und warmes Wasser hatte, waren die Menschen 1970 in etwa gleich zufrieden mit ihrem Leben wie viele Jahre zuvor. Die Erkenntnis, dass Menschen, wenn ihre Grundbedürfnisse gestillt sind, mit zusätzlichem Wohlstand nicht glücklicher werden, nennt man das Easterlin-Paradox.

Natürlich ist Geld ungeheuer wichtig für den, der sich kaum das Nötigste leisten kann und sich darum viele Dinge verbieten muss, weil sie nicht ins Budget passen. Ärmere Menschen werden also sehr wohl glücklicher, wenn sie mehr Geld zur Verfügung haben, denn es eröffnet ihnen ganz neue Möglichkeiten. Aber das Glück steigt nicht proportional mit dem Geld, wie man ursprünglich vermutet hatte. Ab einer Summe von etwa 70.000 Euro Jahreseinkommen (bei uns im Westen) flacht sich der Glückseffekt ab. Wer also mehr als diese Summe im Jahr verdient wird kaum oder keine Auswirkung auf seine generelle Zufriedenheit und Glücksempfinden spüren.

Wie wohl man sich mit seinem Einkommen fühlt, ist auch von einem weiteren Faktor abhängig: wie sehr vergleicht man sein Vermögen mit dem seiner Nachbarn und wie gut schneidet man hier ab? Selbst wenn jemand sehr gut verdienen sollte, wird er vermutlich nicht zufrieden sein, wenn alle Nachbarn weit mehr zur Verfügung haben.

Im Grunde hat Easterlin aufgezeigt, dass ein ungebremstes Wirtschaftswachstum – das Ziel fast aller Staaten – vollkommen absurd ist. Menschen mit wenig Geld fühlen sich häufig abgehängt und klein und leiden unter der Ungleichheit. Doch auch die Reichen spüren die Nachteile des vielen Geldes. Sie können sich ein behagliches Leben leisten, sind aber häufig misstrauisch und alleine. In vielen Ländern müssen sie sich sogar komplett von ihren Mitmenschen abschotten. Da wir einen feinen angeborenen Sinn für Gerechtigkeit haben, leben wir so gegen unsere Natur. Es ist unsere Gesellschaftsform, die solche Strukturen der Ungleichheit begünstigt und damit alle möglichen unguten Gefühle wie Neid, Misstrauen, Wut und Ängste fördert. Das tatsächliche Ergebnis von Easterlins Studien wurde viel zu wenig beachtet: was uns wirklich glücklich macht, sind ungefähr gleiche Voraussetzungen und Lebensbedingungen für Alle!

Leider scheinen viele Menschen in Bezug auf Geld einer Gehirnwäsche unterzogen worden zu sein. Ich erinnere mich an ein
Interview mit einem Superreichen, der wiederholt gefragt wurde, bei welcher Summe er denn genug Geld habe. Irgendwann
sagte er: „Verstehen Sie denn nicht? Es ist niemals genug!" Geld
anhäufen als Selbstzweck. Man könnte das einen pervertierten
Lebenssinn nennen.

Abgesehen davon, dass unser Geldsystem dringend reformiert
gehört und Banken und ihre Banker einer weit strengeren Auf-
sicht bedürfen, lohnt es sich nicht, generell gegen Geld anzu-
kämpfen. Geld ist ein Tauschmittel für uns, und ein sehr prakti-
sches noch dazu. Man sollte nur nie vergessen, dass es keinen
eigenen praktischen Wert besitzt. Man kann vielleicht ein Feu-
erchen damit anzünden oder ein Kissen ausstopfen, das war es
auch schon.

Es lohnt sich niemals, etwas nur wegen des Geldes zu tun, außer
du bist gerade sehr im Mangel und dann auch nur für eine be-
grenzte Zeit. Ein Student, der zwei Monate in der Fabrik jobbt,
um Geld für seine Neuseelandreise zu verdienen, wird davon
Kraft bekommen, denn er kann sich so einen Traum erfüllen.
Wenn du allerdings frustriert und ohne Energie in einem Job
feststeckst, den du vor 20 Jahren ergriffen hast, weil er gutes
Geld bringt, dann machst du dir dein Leben kaputt. Wenn du
nicht kündigst und dir eine Alternative suchst, wird deine Seele vertrocknen, du wirst immer unglücklicher und kränker. Und
wofür? Um eine größere Wohnung zu haben oder öfter essen zu
gehen? Dieser Preis ist zu hoch. Glücklicherweise besinnen sich
viele Menschen nach einiger Zeit und schaffen es, eine Kehrt-
wende zu vollziehen. Mit der neuen Tätigkeit haben sie wieder
Mut und Freude.

Am einfachsten und glücklichsten gehst du mit deinem Besitz und Vermögen um, wenn du dir immer wieder bewusst machst, dass es nur eine Leihgabe ist. Irgendwann wirst du sterben und dort, wo du hingehst, wirst du keinen Besitz brauchen. Paradoxerweise kann diese Vorstellung die Freude an deinem Besitz erhöhen, denn ist nicht alles wertvoller, wenn es zeitlich begrenzt ist? Und trotz der Freude daran bist du fähig, es besser loslassen, wenn dir bewusst wird, dass es nicht das Wesentliche in deinem Leben ist.

Es ist auch eine gute Idee, sich bei neuen Anschaffungen etwas zu zügeln. Meist freut man sich ungemein, sich beispielsweise dieses tolle Auto zuzulegen, aber dann fährt es sich doch nur wie das alte. Man hat aber überdies noch viel Zeit und Geld investiert. Überlege, wie lange du dich wirklich über deine letzten Anschaffungen gefreut hast und wie selbstverständlich sie dir heute erscheinen. Besitz neigt dazu, einen zu besitzen. Ich habe einmal bei einem Besuch bei meiner Mutter mitbekommen, wie meine Schwägerin gestresst ihre Kinder vorbei brachte, nur um schnell an den Bodensee zu fahren und ihr Segelboot zu putzen. Was immerhin zwei Stunden Fahrzeit bedeutete. Verrückt!

Investiere lieber in interessante Erlebnisse: eine einmonatige Reise durch Kanada, ein Meditationsaufenthalt in einem Zen-Kloster in Japan, ein Tanzfestival, bei dem du dich voll austobst, ein Abonnement an der Oper, einen Monat Mitarbeit auf einer Westernfarm in Montana, Abenteuerausflüge mit den Kindern, inklusive Übernachten im Wald mit Stockbrot am Feuer. Das sind Erlebnisse, die du nie vergessen wirst und über die du dich immer wieder freuen kannst.

So gehst du gut mit deinem Geld und deinem Besitz um:

• Hänge deine Liebe nicht allzu sehr an deinen Besitz, denn du wirst ihn früher oder später sowieso loslassen müssen. Genieße ihn in dem Bewusstsein, dass er dir zeitlich begrenzt zur Verfügung gestellt wurde. Ein schönes Geschenk und eine schöne Verantwortung. Und was nach deinem Tod mit deinen Sachen geschieht, geht dich nichts mehr an. Du bist dann woanders.

• Halte deine Geldangelegenheiten und deinen Besitz übersichtlich, so dass du jederzeit einen guten Überblick über alles hast, was zu dir gehört. Übermäßig viel Besitz und bürokratisches Chaos vernebeln den Sinn für die wirklich wichtigen Dinge und rauben dir Zeit und Geld. Übersichtlichkeit und Ordnung, vielleicht sogar ein Quäntchen Minimalismus lassen dich klarer und freier denken und besser Prioritäten setzen.

• Wenn du dazu neigen solltest, an Existenzangst zu leiden und dich an dein Geld und deinen Besitz zu klammern, ist es an der Zeit, statt an deinem Portfolio lieber an deinem Vertrauen in dich selbst und dem Leben zu arbeiten. Lerne zu vertrauen, dass du in dieser ungewissen Welt einigermaßen sicher bist und du mit allem, was auch kommen mag, umgehen kannst. Dieses Vertrauen wird deine Ängste massiv verringern. Natürlich kannst du dann immer noch Geld wie Heu und viele schöne Dinge haben. Aber du bist nicht mehr davon abhängig.

• Es ist eine gute Idee, ziemlich selektiv zu sein. Wähle gute Möbel, gute Bücher, gute Kleidung, gutes Essen, gutes Geschirr, gute Filme. Man muss nicht alles nehmen, was einem angeboten wird, auch wenn deine Mutter dir von Herzen das letzte Erbstück von Tante Alma andrehen möchte. Was du im letzten Jahr nicht gebraucht hast, kannst du gleich weggeben. Vermutlich wirst du es nicht vermissen.

Den Körper heilen

„Da es sehr förderlich für die Gesundheit ist,
habe ich beschlossen, glücklich zu sein."

Voltaire, französischer Philosoph

Wenn wir krank sind, möchten wir schnell wieder heil und gesund werden. Hier folgen ein paar Ideen, die dir beim Gesund werden helfen:

• Wenn du ein körperliches Problem hast, dann suche weiter, bis du etwas findest, das dir hilft. Ein Beispiel: als meine Tochter sehr klein war, hatte sie starke Neurodermitis. Ihre Arme und Beine waren immer blutig aufgekratzt. Die konventionelle Medizin hatte nur Kortisonsalben zu bieten, doch auf Dauer war das keine Lösung. Dann versuchte ich ein paar Naturheilmethoden wie die Urintherapie oder das Weglassen von bestimmten Nahrungsmitteln. Auch hier keine Besserung. Selbst chinesische Medizin brachte keinen Erfolg. Was dann den Durchbruch brachte, war eine Sitzung Kinesiologie, bei der meine Tochter energetisch getestet wurde. Sie bekam ein paar Bachblüten-Essenzen und am selben Abend begann die Haut abzuheilen. Das ist 25 Jahre her und sie litt nie wieder an Neurodermitis. Ich sage nicht, dass Kinesiologie das Allheilmittel ist; für jemand anderen wäre die chinesische Medizin oder eine andere Intervention heilsam gewesen. Für mich zum Beispiel funktioniert

Homöopathie nicht besonders gut, aber für meinen Hund mit seinen Gelenkproblemen war es geradezu lebensrettend (falls sich jemand fragt, was so hilfreich war: Traumeel, ein bekanntes homöopathisches Komplexmittel). Also suche weiter, bis du etwas findest, das dir hilft. Das kann durchaus auch die konventionelle Medizin sein.

• Gib nicht automatisch deine Macht an Experten ab, ob es die Oberärzte im Krankenhaus oder Heiler auf den Philippinen sind. Konsultiere sie mit gesundem Menschenverstand und frage dich, ob du der Person vertraust und ob sich die Informationen nachvollziehbar und gut für dich anfühlen. Ich habe schon häufig erlebt, dass Experten falsch lagen oder schlichtweg keine Ahnung hatten. Eine zweite oder gar dritte Meinung einzuholen sollte dir dein Körper wert sein.

• So sehr ein gesundes Misstrauen bei Ärzten berechtigt ist, so sehr solltest du deiner eigenen Wahrnehmung bei allen Belangen deines Körpers vertrauen. Frage dich, was dein Körper dir mit seinen Symptomen sagen möchte. Allzu häufig versuchen wir, die Beschwerden zu ignorieren. Doch was geschieht, wenn ich das kleine Ohrensausen ignoriere? Es wird stärker, bis ich mich dann tatsächlich darum kümmern muss. Oder wenn ich meine Erschöpfung nicht ernst nehme, habe ich irgendwann ein ausgewachsenes Burn-Out. Wenn du dich also in letzter Zeit immer müde fühlst und mehr Ruhe brauchst? Dann leg dich aufs Sofa und mache einfach nichts! Wenn du Niesattacken bekommst, wenn du deinen Chef siehst? Dann überlege dir, ob es nicht eine andere Arbeit für dich geben könnte. Wenn es dir regelmäßig in den Rücken fährt, wenn deine Mutter sich ankündigt? Das könnte ein Zeichen sein, deine Beziehung zu ihr etwas genauer anzuschauen. Wenn du immer krank wirst, kaum beginnt dein Urlaub? Vielleicht ist es eine gute Idee, deinen Lebensstil etwas zu entschleunigen.

Dass du deinen Körper ernst nimmst, heißt nicht, hypochondrisch nach jedem kleinsten Ziehen zu forschen. Vertraue deinem Körper und seinen Selbstheilungskräften. Das erfordert die richtige Balance, einerseits Beschwerden nicht aufzubauschen und dem Körper zu vertrauen, dass er sich selbst heilt, und andererseits genau hinzuhören, was für eine Botschaft hinter den Symptomen steht und daraufhin etwas zu verändern. Gute Hinweise kann dir hierbei das Buch von Rüdiger Dahlke geben: Krankheit als Symbol: ein Handbuch der Psychosomatik.

• Interessant könnten zur Erforschung deiner Symptome auch folgende Fragen sein: Wann trat das Symptom das erste Mal auf? Was ist damals geschehen? Gibt es einen momentanen Konflikt in meinem Leben, der durch das akute Symptom gespiegelt wird? Gibt es einen längeren Konflikt in meinem Leben, das durch das chronische Symptom oder die chronische Krankheit gespiegelt wird? Was wäre, wenn das Symptom nicht mehr da wäre? Was würde sich in meinem Leben verändern? Gibt es etwas Gutes an den Symptomen? Geben sie mir eine Ausrede, etwas nicht tun zu müssen? Wer wäre ich ohne das Symptom oder die Krankheit? Identifiziere ich mich mit den Symptomen, sodass es mir schwer fällt, sie los zu lassen? Möchte ich wirklich gesund und heil sein?

• Selbstheilungskräfte können sich am besten entfalten, wenn belastender Stress minimiert wird. Damit ist nicht der „gute" Stress gemeint, wenn wir z.B. ein neues Vorhaben begeistert angehen, sondern die nagende Belastung, die dich auf Dauer auslaugt. Stress bewirkt eine Überaktivität des Sympatikus im Nervensystem und damit eine andauernde Stress-Reaktion.

Der Körper ist immer in Alarmbereitschaft. Dies behindert den Austausch an Nährstoffen und Abfallprodukten von Zellen, bis dahingehend, dass der Austausch vollkommen lahm gelegt wird. Das ist schnell sichtbar: der Stress einer schlaflosen Nacht genügt meist schon, um die Haut im Gesicht grau und welk aussehen zu lassen. Bei Dauerstress hat der Körper keine Erholungszeiten mehr und der wichtige Zellaustausch läuft auf Sparflamme. Kein Wunder, dass es so nur eine Frage der Zeit ist, bis das Ungleichgewicht im Körper stetig größer wird und man dann krank wird.

Achte deswegen gut auf Entspannung und Erholung. In unserer verrückten Welt ist das unbedingt nötig.

• Kümmere dich regelmäßig um deinen Körper, BEVOR er krank wird. Gönne dir alles, was dir gut tut: Massagen, energetische Heilbehandlungen, Fastenkuren, Auszeiten in der Natur, viele schöne Mußestunden und viel Liebe.

• Das kennst du sicher schon, aber eine kleine Erinnerung kann nicht schaden: trinke viel Wasser, iss viele grüne Blätter und buntes Gemüse, immer wieder Obst, wenig Milchprodukte und bewege deinen schönen Körper so viel wie möglich.

• Prüfe, ob du genügend Nährstoffe mit deiner Ernährung aufnimmst. Fast alle Menschen haben einen Mangel an Vitamin D, Vitamin C, Vitamin K, an Omega-3-Fettsäuren, Magnesium, Jod und Selen. Das kann einen bedeutenden Unterschied in deinem Befinden machen.

• Dieses Buch handelt nicht vorrangig von körperliche Gesundheit, aber eine Maßnahme möchte ich dir doch wärmstens ans Herz legen: Die Leber-Gallen-Reinigung! Unglaublich, welches

Wohlgefühl diese mit sich bringt und wie leicht, ruhig und entspannend diese einfache Maßnahme wirkt. Ganz zu schweigen davon, dass allerhand körperliche Symptome, auch manche, die gar nicht mit der Leber assoziiert werden, verschwinden. Wenn du daran interessiert bist, empfehle ich dir die Homepage von Dr. Retzek, einem auch mit alternativen Methoden arbeitenden Arzt verweisen, der eine PDF mit Anleitung erstellt hat: www.homeopathy.at/leberreinigung-gallekur

Charisma

„In der Wirklichkeit gegenwärtig zu sein ist der Schlüssel zur Lebensfreude."

Giulio Cesare Giacobbe, italienischer Psychologe

Hand aufs Herz: bewunderst du diese charismatischen Persönlichkeiten, die nur einen Raum betreten und schon fliegt ihnen alle Aufmerksamkeit zu? Menschen können nicht anders, als sich um sie herum zu scharren und wie magnetisch richten sich alle Blicke auf sie. Hättest du nicht gerne ein kleines Quäntchen dieser Qualität?

Um es gleich zu sagen: Charisma bedeutet nicht, dass du dich selbst überschätzt oder arrogant auf Bewunderung wartest, nein, es ist eher eine bestimmte Haltung, mit der du auf die Welt zugehst und mit ihr kommunizierst. Diese Haltung kann dir in deinem Leben in vielerlei Hinsicht helfen, nicht nur mit anderen Menschen, sondern vor allem mit dir selbst. Sie hilft dir, dich gut zu fühlen und ohne zu viel Widerstand durch das Leben zu gehen.

Vermutlich hast du im Laufe deines Lebens irgendwann gehört, dass man Charisma entweder hat oder nicht hat. Eine Gabe, die einem in die Wiege gelegt wurde, nichts, an was man nur ein Schräubchen drehen könnte. Nun, das stimmt nicht! Jeder kann eine charismatische Persönlichkeit werden! Es ist keine Zauberei und auch nicht angeboren, sondern für jeden Menschen zu erreichen. Dies wiederum bedeutet nicht, dass du dich nicht auch völlig unsichtbar machen kannst, wenn du die Geheimnisse des Charisma entschlüsselt hast. Du entscheidest, wann du dein Charisma versprühst und wann nicht. Zudem ist Charisma weder von körperlicher Attraktivität noch von einem extrovertierten Wesen abhängig; entgegen landläufiger Meinung können auch introvertierte Menschen sehr charismatisch sein.

Was machen nun charismatische Menschen anders als andere? Sie verhalten sich auf eine Weise, mit der sie ihrem Gegenüber das Gefühl vermitteln, ganz besonders zu sein. Das ist keine Manipulation des anderen, sondern eine Haltung, wie man auf die Welt zugeht. Die wichtigsten Komponenten von Charisma sind Präsenz, Wärme und Selbstbewusstsein.

Fangen wir mit der ersten Komponente an, der Präsenz. Es wird dein ganzes Leben verändern, wenn du dich darin übst, in jedem Moment deines Lebens präsent zu sein. Je mehr du im Hier und Jetzt bist, ganz da, um so besser fühlst du dich und um so größer ist deine Strahlkraft. Die meisten Menschen sind gedanklich ständig mit einer Mixtur aus Vergangenheit (ah ja, das erinnert mich an…), Gegenwart (hm, die Kartoffeln sind aber gut) oder Zukunft (was soll ich denn noch für meine Rente machen?) beschäftigt, häufig sogar, wenn sie mitten im Gespräch sind. Je mehr man aber gedanklich abschweift, umso mehr ist man mit seiner Energie, seinem Wesen, buchstäblich nicht anwesend. Diese Abschweifungen spüren andere Menschen innerhalb von Bruchteilen einer Sekunde. Es ist unmöglich, das zu verstecken, wir haben hervorragende Antennen dafür. Wenn du darauf achtest, wirst du sofort bemerken, wenn jemand nicht gut zuhört und an etwas anderes denkt.

Vielleicht hast du auch die Erfahrung gemacht, dass eine Begegnung umso erfreulicher und intensiver wird, je ungeteilter du einem Menschen deine Aufmerksamkeit schenkst. Präsent zu sein heißt bewusst wahr zu nehmen, was jetzt gerade da ist. Erhöhe deine Aufmerksamkeit in jedem Moment, denke möglichst an nichts anderes als was jetzt gerade ist und du erhöhst deine Präsenz. Achtsamkeits- und Meditationsübungen sind dafür die beste Praxis.

Aber was wäre Aufmerksamkeit ohne Wohlwollen gegenüber dem anderen in unserer Kommunikation? Wir würden wach, aber auch kalt wirken. Fürsorglichkeit, Freundlichkeit und Wohlwollen wird von uns hingegen als Wärme empfunden. Kultiviere also eine freundliche wohlwollende Haltung gegenüber Mensch und Tier. Dies wird dazu führen, dass dir alles leichter und einfacher von der Hand geht, weil du deine Widerstände los lässt. Außerdem gehst du weit entspannter und glücklicher durch deinen Alltag.

Ein gutes Selbstbewusstsein und Selbstwertgefühl ist dein dritter Baustein für Charisma. Vielleicht hast du auch schon festgestellt, dass selbstbewusste (damit meine ich nicht arrogante oder selbstverliebte) Menschen sehr attraktiv wirken. Sie ruhen in sich und fühlen sich einfach wohl mit sich selbst, was es anderen Menschen leicht macht, sich mit ihnen ebenfalls wohl zu fühlen. Auch Gespräche sind einfach, da man nicht ständig Angst haben muss, in irgendein Fettnäpfchen zu treten oder ihre Gefühle zu verletzen. Sie haben kein Bedürfnis danach, sich aufzuspielen, andererseits machen sie sich gegenüber anderen Menschen auch nicht klein. Meist sind selbstbewusste Menschen recht authentisch; man weiß, woran man bei ihnen ist und kann sich auf sie verlassen.

Änderungen im Außen, wie ein aufgesetztes Lächeln – was wir intuitiv sofort merken – ein antrainierter fester Händedruck oder ein neuer Kleidungsstil werden dein Charisma nicht ändern. Die Veränderungen kommen von innen und spiegeln die Haltung dem Leben gegenüber dar.

Ein Mehr an Aufmerksamkeit, Wärme oder Selbstbewusstsein sind für sich alleine äußerst lohnenswerte Ziele, doch zusammen werden sie dich zu einer charismatischen Persönlichkeit machen, die entspannt durch das Leben geht und der niemand widerstehen kann. Vor allem aber wird es dich glücklich machen! Das Charisma ist quasi nur ein kleiner Nebeneffekt.

Mehr Charisma für mehr Lebensfreude:

• Wenn du einen Mangel an Selbstwertgefühl und Selbstliebe hast, kannst du diesen leider nicht mit einem Fingerschnipsen auflösen. Wahrscheinlich hast du hinderliche Glaubenssätze, die angeschaut werden wollen, alte Verletzungen müssen geheilt und neue Gewohnheiten aufgenommen werden, damit du dich wirklich gut mit dir selbst fühlst. Das braucht eine gewisse Praxis und meist auch eine gewisse Zeit. Sehr empfehlenswert hierbei sind heilende Methoden der energetischen Therapie wie die Klopfakupressur. Das hat mir persönlich bei meiner Selbstliebe, die früher recht mau war, sehr geholfen.

• Auf das Thema Aufmerksamkeit gehe ich noch intensiver im Kapitel „Die wichtigste Übung in deinem Leben" ein. Da findest du auch einige Übungen dazu.

• Über das schöne Gefühl der Liebe schreibe ich noch mehr im Kapitel „Love is all you need". Da findest du auch die wunderbare Übung der Metta-Meditation.

- Wenn du jetzt dein Charisma versprühst, alle Leute sich ständig um dich scharren und du der Mittelpunkt jedes Beisammenseins bist, lies zur Vorsicht lieber noch einmal folgendes Kapitel: „Nimm dich selbst nicht zu ernst":-)!

- Und was war das jetzt nochmal mit dem Unsichtbar machen? In manchen Situationen kann das schließlich durchaus nützlich sein. Das geht folgendermaßen: Stelle dir vor, dass du dich energetisch dicht machst und abschottest. Vermeide Augenkontakt. Lass deine Gedanken hierhin und dorthin schweifen, auch in die Vergangenheit. Bemerke nichts in deiner Umgebung. Fühle dich klein und unbedeutend. Gratulation! Du wirst niemandem mehr auffallen!

Kapitel 22

Leichten Sinnes

„Sich zu verändern ist schwierig. Sich nicht zu verändern ist tödlich."

Anonym

Das Wort „floaten", das ich im Titel verwendet habe, drückt für mich tatsächlich etwas sehr Erstrebenswertes aus. Mich leichten Sinnes durch das Leben tragen zu lassen, unbeschwert und mit nicht zu vielen vorgefertigten Ansichten. Vieles erfahren und erforschen und alles genießen, aber nichts übermäßig ernst nehmen. Im Grunde bin ich immer noch eine Anhängerin von Pippi-Langstrumpf – ich mach mir die Welt widde widde wie sie mir gefällt! Mit Pippi Langstrumpf hat Astrid Lindgren eine wunderbare Figur erschaffen, die uns heute noch immer inspirieren kann – wer also Pippi Langstrumpf nie kennen gelernt hat, sollte sich schleunigst ein Buch besorgen, sich aufs Sofa legen und ihren Abenteuern folgen – dafür ist es nie zu spät!

Leichten Sinnes werden wir, wenn wir den Ballast abwerfen, der unser Leben beschwert und uns schwer und unflexibel fühlen lässt. Und da kommt einiges zusammen.

Fangen wir mit dem an, dem am einfachsten beizukommen ist: mit all den Dingen, die wir in unserem Leben angehäuft haben. Die meisten von uns schleppen so viel unnötiges Zeugs mit sich herum, dass man geradezu eine zweite Wohnung mit all den überflüssigen Tellern, Büchern und Klamotten einrichten könnte. Es macht tatsächlich einen Unterschied, in welcher Umgebung du lebst und wie harmonisch und freundlich dein Zuhause ist. Mache dich deshalb systematisch daran, einen Bereich nach dem anderen zu entrümpeln und aufzuräumen. Besonders wichtig ist, dass du für alles, was du besitzt, einen Platz zum verstauen findest. So muss beispielsweise ein Korb nicht ständig von einer Ecke in die andere geräumt werden.

Du wirst dich wundern, wie sehr eine aufgeräumte und nicht allzu volle Wohnung deinen Geist beeinflusst. Nicht umsonst leben Zen-Mönche in klaren Räumen, die Raum und Luft geben zum denken und atmen.

Abgesehen davon, den Kalender nicht mit zu vielen Terminen vollzustopfen könnte es auch eine gute Idee sein, seine Zeit nicht mit unnötigen Zeitfressern zu verschwenden. Dazu gehören die neuesten technischen Entwicklungen bei Smartphones, Computer und sonstigen Gerätschaften. Lohnt sich die Zeit wirklich, die du darauf verwendest, dich umfassend über das neueste Gadget zu informieren? Musst du wirklich mit deinem Lautsprecher kommunizieren können? Kannst du das Licht nicht wie bisher einfach am Schalter anmachen?

Mache dir bewusst, was du brauchst und was nicht und wie viel Zeit du darauf verwenden möchtest, dich darum zu kümmern. Bringt es dir wirklich eine Erleichterung im Leben, wenn die Verwaltung deines Lebens noch komplizierter wird? Ich habe für mich jedenfalls beschlossen, die Routine in meinem Leben möglichst einfach zu halten. Mehr Technik als ich jetzt habe möchte ich sehr wahrscheinlich auch in Zukunft nicht. Das Auto behalte ich, bis es zusammen bricht. Ich brauche nur drei Putzmittel, um meine ganze Wohnung zu putzen und meine Bürokratie ist in einem einzigen Ordner gut aufbewahrt . Diese Übersichtlichkeit gibt mir ein Gefühl der Leichtigkeit und Einfachheit.

Doch das Wichtigste, um leichten Sinnes zu werden, ist den inneren Ballast loszuwerden. Das Äußere zu entrümpeln ist ein fantastischer erster Schritt, doch das wunderbare Gefühl der Leichtigkeit bekommst du vor allem, wenn du auch innen sortiert bist. Alte Emotionen wie Groll und Ängste beschweren und belasten dein Leben. Übernommene Glaubensvorstellungen können dich einschränken. Über diese inneren Blockaden habe ich schon in den ersten Kapiteln dieses Buches geschrieben. Es gibt nichts Lohnenderes im Leben, als hier aufzuräumen und einiges zu verabschieden . Je mehr du verstanden und losgelassen hast, um so leichter und unbeschwerter wirst du durch dein Leben gehen.

Tipps, um leichteren Sinnes zu werden:

• Wenn du zu viele Dinge hast, dann mache dich systematisch daran, alles Unnötige und Ungeliebte auszusortieren und wegzugeben. Marie Kondo, die bekannte Aufräumspezialistin, empfiehlt, zuerst mit den Kleidern anzufangen. Werfe alle deine Kleidungsstücke auf einen Haufen nimm jedes einzelne Teil in die Hand und frage dich: Macht mich dieses Teil glücklich? Brauche ich das? Nach den Kleidern kannst du dir das Wohnzimmer, die Küche, die Abstellkammer usw. vornehmen. Du wirst überrascht sein, was für ein Hochgefühl sich einstellt, wenn du einiges entsorgt hast und deine Wohnung heller, strukturierter und luftiger ist. Und ja, es fällt damit auch ein Teil Ballast von der Seele weg.

• Verwalte dein Leben auf eine einfache und klare Weise. Dazu gehört, einen guten Überblick über deinen Besitz, deine Versicherungen und deine Finanzen zu haben. Damit weißt du jederzeit, wie du in dieser Hinsicht da stehst. Das hilft dir, den Kopf frei zu halten. Mit einem guten Überblick fällt es dir leichter, dein nächstes überschäumendes Abenteuer zu planen.

• Es hilft dir, mit Leichtigkeit durch dein Leben zu gehen, wenn du belastende Dinge aus deinem Leben wirfst. Stelle dir vor, du würdest von oben auf dein Leben schauen. Mit welchen Tätigkeiten verbringst du deine Zeit? Wo machst du es dir zu kompliziert? Welche Gewohnheiten belasten dich nur und schenken dir keinen wirklichen Gewinn? Um was musst du dich kümmern, obwohl es dir keine Freude macht? Wenn du diese Dinge oder Tätigkeiten loslässt, hast du mehr Zeit, genau das zu tun, was dich glücklich macht.

• Schau dir an, was dich innerlich zurück hält, was dich belastet, was dir weh tut und was dich immer noch von früher verfolgt. Beschäftige dich damit und suche dir eventuell Hilfe, um diese Themen zu bearbeiten. Das wird das Lohnendste sein, was du in deinem Leben tun kannst. Dies wird dir eine neue Freiheit in deinem Leben schenken.

Faszination und Leidenschaft

„Versuchungen sollte man nachgeben – wer weiß, ob sie wiederkommen!"

Oskar Wilde

Erinnerst du dich an all die wundersamen Dinge, die dich schon als Kind fasziniert haben? Nie wieder blickt man so unvoreingenommen auf die Welt als zu der Zeit, in der wir sie erst entdecken. In meinem Fall waren es alle Arten von Tieren, die mich begeisterten. Am liebsten wollte ich wie Konrad Lorenz Graugansküken ausbrüten und inmitten einer großen Schar Kühen, Katzen und Ziegen leben. Meine zweite Leidenschaft waren Bücher, und ich verbrachte viel Zeit damit, meine erste Geschichte über zwei rivalisierende Kinderbanden meines Dorfes zu schreiben. Für mich war klar: ich werde Tierärztin oder Schriftstellerin! Immer wieder habe ich festgestellt, dass sich die Absichten oder Interessen eines Menschen schon früh in der Kindheit zeigen. Vielleicht geht es dir auch so, dass du schon als Kind Vorlieben hattest, die nicht komplett naheliegend waren. Ein Freund von mir liebte schon in jungen Jahren Opern, zur Verblüffung seiner völlig unmusikalischen Familie. Mein Freund überlegte sich schon als 7jähriger mit Vorliebe komplizierte Zugstrecken, kein Wunder, dass er heute immer noch gerne Zug fährt.
Tiere liebe ich immer noch, und ich setze mich, wo ich kann, für sie ein. Und über Umwege – denn mein erster Beruf ist Heil-

praktikerin – kam ich dann später doch dazu, hauptberuflich zu schreiben.

Warum erzähle ich das? Dieses Zurückschauen kann eine große Hilfe sein, wenn du gerade an einem Punkt deines Lebens stehst, an dem du dich fragst: War es das jetzt? Was mache ich denn mit dem Rest meines Lebens? Was könnte es denn noch Spannendes geben?
Die Besinnung auf frühere Vorlieben bringt häufig eine Schatztruhe mit lange liegen gebliebenen Träumen zum Vorschein.
Diese Träume sind wichtig. Es ist kein Zufall, dass du genau diese Vorlieben, Interessen und Talente hast. Du bist mit deiner ganz eigenen Mixtur in die Welt gekommen, um dich zu erfahren, zu erproben, zu erweitern und dich von deiner Sehnsucht und Faszination durch dein Leben tragen zu lassen. Wenn dich Afrika fasziniert, solltest du unbedingt einmal dorthin reisen. Wenn du schöne Stoffe und elegante Kleider liebst, liegt nichts näher, als dich damit zu beschäftigen.
Ich bin eine unbedingte Verfechterin der Ansicht, dass man sich von seiner Leidenschaft und seinen Vorlieben leiten lassen sollte, denn das ist – buchstäblich – der Ruf deiner Seele. Wer aus Vernunftsgründen Betriebswirtschaft studiert, wird niemals glücklich, wenn eigentlich fremde Sprachen und ferne Länder rufen. Zum Glück nehmen Menschen sich selbst und ihre Sehnsucht zunehmend ernst und überlegen, welche Tätigkeiten sie wirklich glücklich machen. Es ist heute auch nicht mehr nötig, ein Leben lang bei einer Arbeit zu bleiben. Eine Bekannte, die ich vor ein paar Wochen traf, ursprünglich Ärztin, dann Familientherapeutin, erzählte mir freudestrahlend, dass sie jetzt im Kindergarten arbeite und damit endlich ihres gefunden habe.

Die Welt hat uns so viele wunderbare Erfahrungen in einer unglaublichen Vielfalt und Schönheit zu bieten. Wir müssen nur in uns hineinhorchen, wohin es uns zieht und vielleicht auch mal abseits unseres gewohnten Sichtfeldes schauen. Eingefahrene Wege zu verlassen hat etwas Ungewohntes, aber auch sehr Belebendes. Scheue dich nicht, unkonventionelle Entscheidungen zu treffen, auch wenn sich jemand daran stoßen könnte. Wir sind schließlich nicht dafür da, die Erwartungen unserer Mitmenschen zu erfüllen. Nichts kann dieses befriedigende Gefühl ersetzen, am richtigen Platz zu sein. Auch Geld und Macht nicht. Mit viel Geld hat man vielleicht sogar das Pech, eher später als früh zu merken, dass man im falschen Leben steckt, weil das Geld anfänglich einiges versüßt. Doch was bringt alles Geld der Welt, wenn man nicht das tut, wofür man wirklich brennt, und wenn es nur eine kleine Kerze ist? Letztendlich haben wir für ein gelungenes Leben keine andere Wahl, als unsere Sehnsüchte ernst zu nehmen und uns auf den Weg zu machen.

Folge deiner Faszination und deiner Leidenschaft:

• Nimm dir einen ruhigen Moment und erinnere dich daran, welche Dinge du als Kind faszinierend fandest und mit welchen Tätigkeiten du am liebsten Zeit verbracht hast. Schenke dir selbst die Zeit, ein paar deiner ehemaligen Vorlieben zu erkunden. Ich habe z.B. als Kind immerfort vor mich hin gesungen und habe mir vor ein paar Jahren ein kleines Büchlein mit meinen Lieblingssongs gemacht, damit ich nicht mehr vergesse, wie gerne ich singe.

• Horche auf deine Impulse und Sehnsüchte, sie sind nicht umsonst da. Fang an zu forschen, wie du dir deine Wünsche erfüllen kannst. Es kann sich lohnen, Neuland zu entdecken. Vielleicht möchtest du schnorcheln, Motorrad fahren oder selbst Senf machen lernen, fremde Länder entdecken, ein Projekt für Mädchen in Afrika gründen, eine Hundeschule aufmachen, ein Kinderbuch schreiben, für eine bestimmte Zeit ins Kloster gehen oder die beste Seifenkiste der Welt bauen. Nimm deine Wünsche ernst und überlege dir, wie du anfangen kannst, deine Ideen in die Tat umzusetzen. Das muss nicht für immer sein, deine Sehnsüchte dürfen – und werden – sich verändern und wandeln.

• Fokussiere dich auf das, was du liebst! (Und nicht auf das, was du nicht liebst).

• Wenn Menschen am Ende ihres Lebens gefragt werden, ist es nicht so sehr das, was sie getan haben, was sie bedauern, sondern das, was sie nicht getan haben. Sterbende bedauern, nicht mehr Zeit mit ihren Lieben verbracht zu haben, zu wenig Risiken eingegangen zu sein, zu wenig ihren Träumen gefolgt zu sein, zu wenig getanzt und gesungen zu haben, zu wenig auf einer Blumenwiese gelegen und den Wolken beim Vorbeiziehen zugeschaut zu haben. Wäre es nicht eine gute Idee, so zu leben, dass es am Ende unseres Lebens kein Platz für irgendwelches Bedauern gibt?

Kapitel 24

Manifestieren

„Manchmal glaube ich noch vor dem Frühstück an sechs unmögliche Dinge."

Lewis Caroll in „Alice in Wunderland"

Glaubst du, dass du dich und deine Welt durch deine Gedanken und Gefühle verändern kannst? Viele Menschen sind davon
überzeugt, und meist genügen ihnen ihre Erfahrungen in ihrem
Leben als Beweis.Wer allerdings etwas Futter für den Verstand
braucht: es werden in dem Bereich „Geist beeinflusst Materie"
immer mehr Studien publiziert, deren Ergebnisse auch für Skep-
tiker sehr interessant sein dürften. Hier ist eine davon:

Der Zellbiologe Glen Rein am HeartMath Research Center in
Boulder Creek hatte die Idee, in einer Versuchsreihe zu testen,
ob es möglich sei, biologische Systeme mittels Gedanken und
Gefühlen zu beeinflussen. Dazu gab er DNA in Reagenzgläser
und ließ diese Gläser von zehn Heilern für jeweils zwei Minuten
in die Hand nehmen. Die Heiler wurden angewiesen, starke Ge-
fühle der Liebe und Wertschätzung auszusenden.
Derselbe Versuch mit der DNA fand mit einer Erweiterung statt.
Die teilnehmenden Heiler sollten nicht nur positive Emotionen
wie Liebe und Wertschätzung ausstrahlen, sondern auch eine
Absicht, also einen Gedanken, mit hineingeben, nämlich, die
DNA-Stränge entweder auf- oder abzuwickeln.

Beim dritten Versuch wiederum sollten die Teilnehmer keinerlei Emotionen auf die DNA projizieren, sondern allein die Absicht aussenden, die DNA in den Reagenzgläsern zu verändern.

Das Ergebnis war äußerst aufschlussreich. Bei der ersten und dritten Versuchsanordnung erbrachten die Untersuchungen keinerlei statistisch signifikante Veränderungen. Beim zweiten Versuch jedoch, als die Heiler die DNA-Probe mit einer klaren Absicht UND mit positiven Gefühlen fluteten, waren deutliche Veränderungen zu messen, in manchen Fällen bis zu 25 Prozent. Ist das nicht unglaublich? In zwei Minuten konnte ein Mensch die DNA-Stränge auf- oder abwickeln lassen, nur mittels der Kraft seiner Gedanken und positiver Gefühle. Was bedeutet dies für unsere Möglichkeiten, den eigenen Körper zu verändern? Was heißt das wohl für unsere Fähigkeit, unsere Welt zu erschaffen?

Diese Studie zeigt ein interessantes Prinzip auf. Die Gedanken oder Absichten alleine reichen offensichtlich nicht aus, um Veränderungen zu bewirken. Positive Gefühle ohne eine Absicht bewirken ebenfalls nicht viel. Im Quantenfeld des Universums müssen eine zielgerichtete Absicht und positive Emotionen zusammen kommen, Geist und Herz eine Kooperation eingehen, erst dann wird zuverlässig etwas Neues erschaffen. Interessanterweise deckt sich dies auch mit meinen Erfahrungen, die ich mit dem Manifestieren gemacht habe. Wenn ich in der Vergangenheit gerne etwas in mein Leben ziehen wollte und dazu Gefühle der Freude und Dankbarkeit hatte, ergaben sich immer wieder geradezu wundervolle Dinge.

Vor Jahren sah ich mir mit meiner Tochter einen Bollywood Film an und sagte fröhlich und leichthin: „Das wäre doch lustig, in so einem Film mitzuspielen." Vier Wochen später fand ich mich tatsächlich in Bollywood in Mumbai wieder, zusammen mit einigen anderen Darstellern. Ich war, kaum in Indien, in einer German Bakery gecasted worden und spielte in einem Werbespot für Kekse die italienische Mutter von Hrithik Roshan, einem bekannten indischen Filmstar. Das war tatsächlich eine witzige Erfahrung!

Ein anderes Beispiel: bevor ich vor über sieben Jahren meinen Partner kennen lernte, dachte ich meist mit widersprüchlichen Gefühlen an Männer. Und was bringen widersprüchliche Gefühle? Natürlich widersprüchliche Erfahrungen! Aber irgendwann schob ich die Bedenken zur Seite, das Leben war schön und ich meist ziemlich heiter und glücklich. Also formulierte ich: Ich möchte einen Mann, mit dem es sehr schön ist und der mich sein lässt, wie ich bin! Dies genügte! Gute Laune und genaue Absicht, nur wenige Tage später lernte ich einen schönen Mann mit dunklen Haaren kennen, und es funkte!

Es gibt in meinem Leben viele Synchronizitäten und schöne „Zufälle", wie es so schön heißt, wenn einem etwas zufällt (von den bestellten Parkplätzen wollen wir ja gar nicht reden, das ist ja Kleinkram :-)). Ich habe also eine Liste mit Dingen, von denen sich gezeigt hat, dass sie ziemlich gut funktionieren. Aber ich habe auch Bereiche, wo es hakt, wo ich Schwierigkeiten habe, mir meine Träume zu erfüllen. Das sind die Themen, wo es eben nicht nur genügt, guter Dinge zu sein und eine Absicht zu äußern, weil hier etwas im Weg steht. Das sind genau die Themen, die man sich etwas näher anschauen sollte.

Die meisten von uns haben irgendwo Blockaden. Vielleicht haben wir schlechte Erfahrungen gemacht und in unserer Kindheit gelernt, dass wir nicht willkommen sind, vielleicht haben wir negative Überzeugungen zu bestimmten Themen, vielleicht lieben wir uns nicht genug. Wenn wir etwas Neues in unser Leben ziehen möchten, wir innerlich aber von etwas anderem oder gar vom Gegenteil überzeugt sind oder zu viele Zweifel haben, dann werden sich unsere Wünsche nur mühsam oder gar nicht erfüllen.

Wenn ich beispielsweise erfolgreich in meinem Beruf sein und viel Geld verdienen möchte, aber glaube, dass viel Geld zu besitzen korrumpiert oder nicht spirituell ist, setze ich mich selbst schachmatt. Oder ich möchte einen liebevollen Partner, bin aber selbst nicht davon überzeugt, liebenswert zu sein. Was ich aussende werde ich erhalten. Das Problem bei diesen Blockaden ist, dass manches davon recht unbewusst ist. 95 % unserer täglichen Gefühle, Gedanken und Entscheidungen laufen unbewusst ab. Unsere Aufgabe ist es, mit unseren ungewollten Überzeugungen aufzuräumen und unsere von früher gespeicherten Emotionen gehen zu lassen. Genau das ist das wichtigste Ziel einer Therapie. Erst wenn man innerlich die Blockaden aus dem Weg geräumt hat, ist man wirklich frei, sich seine Wünsche zu manifestieren.

Hier einige Tipps für dein Manifestations-Wunder:

- Am schnellsten manifestierst du dir eine neue Realität, wenn du dir vorstellst, es schon zu SEIN! Stelle dir vor, du wärst schon diese Person, die diesen tollen neuen Job hat mit diesen netten Kollegen. Oder stelle dir vor, wie schön es wäre, zusammen mit deinem Partner in deiner Traumwohnung zu leben.

Ein Beispiel: Marion und ihre beste Freundin Lilo möchten beide einen Partner finden. Marion spricht jeden Tag davon, dass sie sich nach einem Partner sehnt und traurig darüber ist, alleine zu sein. Schließlich meldet sie sich bei einer Partnerbörse an, obwohl sie sich nicht viel davon erhofft. Lilo hingegen denkt freudig daran, wie es wieder sein wird, verliebt zu sein. Sie macht ihre Wohnung schön, beschafft sich ein Doppelbett und geht jeden Tag mit Vorfreude in die Welt hinaus. Nachts in ihrem Bett stellt sie sich vor, von Liebe umgeben zu sein.

Wer, denkst du, wird schneller einen Partner finden?

Wenn du es innerlich schon BIST und dir mit allen Sinnen immer wieder vorstellst, deinen Wunschtraum zu leben, und zwar genau jetzt, nicht in der Zukunft, werden alle möglichen und unmöglichen Wunder geschehen, um es wahr werden zu lassen. Alles geschieht von innen heraus. Um im Außen etwas zu verändern musst du es erst innerlich geschehen lassen.

Es kann auch hier sein, dass Ängste oder Unsicherheiten aufkommen, denn du gehst aus deiner Komfortzone heraus. Für den Erfolg ist es allerdings wichtig, diese Ängste ein Stück weit los zu lassen.

• Übe dich darin, kleine Dinge zu manifestieren, bevor du dich an die großen Themen deines Lebens wagst. Wenn du im Kleinen Erfolg hast, gibt dir das Zuversicht und Vertrauen. Wünsche dir heute beispielsweise eine schöne Überraschung oder eine kleine Summe unerwartetes Geld. Vielleicht ruft dich ein alter Freund an und du findest einen Euro auf der Straße. Oder bitte um eine Antwort auf eine Frage, die dich gerade umtreibt. Experimentiere ein bisschen und sei offen für das, was geschieht. Ich mache das regelmäßig und bin häufig erstaunt, was sich in meinem Leben alles entfaltet.

Meine unwiderstehliche Vision

Dies ist ein hilfreicher Prozess, um heraus zu finden, was du wirklich möchtest und welche Blockaden du in Bezug darauf hast.

1. Bestimme zuerst den Zeitpunkt, an dem sich deine Vision erfüllt haben soll. Vielleicht in ein oder zwei Jahren. Überlege nun, wie dein Leben dann aussehen soll und integriere alle Aspekte, die dir wichtig sind: Liebe, Wohnung, Partner, Freunde, Beziehung zu dir selbst und was dir sonst noch einfällt. Schreibe in der Gegenwartsform und erlaube dir zu schwelgen, zu träumen und groß zu denken. Vergiss für den Moment alle Einwände. Schreibe mindestens eine Seite über deine Träume.
„Ich bin so glücklich, dass ich in diesem Traumhaus am Meer lebe, mein Hund begleitet mich morgens zum Strand...“

2. Lese deine Vision noch einmal durch. Da du unzensiert deine Träume aufs Papier gebracht hast, wirst du wahrscheinlich nicht voll und ganz glauben können, dass du dies wirklich erreichen und leben kannst. Lass nun außer den freudigen Gedanken die Einwände, die „ja, aber...“ auftauchen, die dir durch den Kopf gehen wie z.B.: Ja, aber wie soll ich das erreichen ... aber ich verdiene das nicht ... aber ich kenne nicht die richtigen Leute ... ich traue mich das nicht ... woher soll ich das Geld dafür nehmen ... ich habe Angst, dass ich nicht gut genug bin usw.

3. Vor allem, wenn wir unser Leben verändern möchten, werden diese tief sitzenden negativen Glaubenssätze und Ängste aktiviert und möchten uns schön in unserem Rahmen halten. Notiere dir alle auftauchenden Einwände und Ängste, wie lächerlich sie dir auch erscheinen mögen. Das, was du jetzt aufgeschrieben hast, ist genau das, was zwischen dir und der Erfüllung deiner Ziele und Wünsche steht. Jetzt liegen sie ausgebreitet vor dir und du kannst daran gehen, diese Überzeugungen und Ängste loszulassen. Das geht natürlich nicht von heute auf morgen, aber es lohnt sich, es geht schließlich um Alles, um dein ganzes Leben! Dazu empfehle ich dir gute Selbsthilfemethoden

(z.B. Klopfakupressur oder Zpoint). Wenn du alleine nicht weiter kommst, scheue dich nicht, dir Hilfe von einem guten Therapeuten oder Coach zu holen. Vergiss einstweilen aber nicht deine Manifestationen!

Innere Stärke

„Ganz und gar man selbst zu sein, kann schon einigen Mut erfordern."

Sophia Loren, Schauspielerin

Ich traf kürzlich eine Frau, die ich schon vor mehreren Jahren auf einem meiner Seminare kennen gelernt hatte. Ihre Geschichte hatte mich damals sehr beeindruckt. Vor Jahren wurde bei ihr ein Hirntumor entdeckt und ihre Ärzte empfahlen ihr, diesen operieren zu lassen. Sie lehnte ab und begab sich auf einen intensiven Heilungsweg. Jahrzehntelang hatte sie den ganzen Tag in der eigenen Hotellerie gearbeitet und dazu noch ihrem Mann im Betrieb geholfen. Es gab keinerlei Zeit für Muße und Reflektion. Nun nahm sie sich die Zeit, hörte auf ihre innere Stimme und fühlte genau in sich hinein, zu welchen Heilmethoden es sie zog und was sie für sich tun könne. Dabei wurde ihr Tumor immer kleiner und kleiner. Als ich sie jetzt wieder traf, hatte sie begonnen, Meditationskurse zu geben und sagte: „Der Tumor ist nicht ganz weg, er ist noch so groß wie eine Erbse, und jedes Mal, wenn ich nicht gut auf mich aufpasse, bekomme ich stechende Kopfschmerzen." Ihr Tumor war ein Wegweiser für sie geworden. Dass sie heute so gut im Leben steht, verdankt sie ihrer inneren Stärke, die sie ohne Kompromisse den Weg der Selbstheilung hat gehen lassen.

Es wird im Leben immer wieder Situationen geben, die uns an den Rand unserer Kräfte bringen. Schlechte Diagnosen, plötzliche Todesfälle, finanzielle Schwierigkeiten, schwer zu verkraftende Trennungen und vieles andere mehr. Auch wenn wir Einiges in unserem Leben steuern und erschaffen können, wird es doch Überraschungen geben, und zwar positive wie negative. Wir können alles verlieren, doch was uns nicht genommen werden kann, sind unsere Gedanken und wie wir die Situation, in der wir stecken, beurteilen.

Wenn mein Betrieb zumacht und ich meine Arbeitsstelle verliere, könnte das nicht eine Chance sein für etwas Neues, was mir mehr entspricht? Wenn sich mein Mann plötzlich trennt, könnte das nicht eine Möglichkeit sein, zu reflektieren, wie genau ich eine Partnerschaft leben möchte und mich irgendwann wieder auf die Suche nach einem neuen Partner zu machen?

Wenn man alles, was einem begegnet, als eine Chance für Wachstum sieht, dann gewinnt man an innerer Stärke. Sich bei all den wechselhaften Begebenheiten des Lebens seine Seelenruhe zu bewahren ist auch der zentrale Punkt einer philosophischen Richtung aus dem alten Griechenland, der Stoa. Ziel des Stoiker ist es, den eigenen Platz in der Ordnung zu erkennen und mit Gelassenheit und Seelenruhe nach Weisheit zu streben. Etwas, was wir auch heute noch sehr gut gebrauchen können.

Nimm dir die Freiheit, dein eigenes Leben zu leben und deine Entscheidungen so zu treffen, wie du es für dich möchtest. Selbstbestimmt leben heißt, dass du immer wieder abwägen musst, in welche Richtung du gehst und dabei gut in dich hinein horchst, wohin es dich zieht. Ganz egal, was andere Menschen für Ideen für dich haben oder versuchen, dich in eine Richtung zu drängen. Selbstbestimmt leben heißt auch, öfters mal „Nein" zu sagen und in Kauf zu nehmen, dass andere enttäuscht sind.

So lebst du deine Wahrheit und übernimmst die volle Verantwortung für dich und dein Leben.

Noch weitere Ideen zur inneren Stärke:

• Übernimm Verantwortung für alle Belange deines Lebens. Wenn du keine Verantwortung übernimmst, wirst du nicht aufhören zu jammern, dich klein zu fühlen, anzuklagen, dich herauszureden, zu manipulieren, zu grollen, unbedingt Recht haben zu wollen und dich als von den Schicksalskräften hin und her geworfenes Würmlein zu sehen.

Wenn du Verantwortung übernimmst, auch für die Dinge, wo du ganz klar siehst: „das wurde mir angetan", gewinnst du sofort eine neue Größe, eine neue Würde und ein ganz anderes Gefühl dafür, wie du selbstwirksam in der Welt sein und handeln kannst.

Hier eine interessante Übung dazu: denke an eine schlimme Erfahrung, die du einmal erlebt hast. Diesmal aber bist du nicht das Opfer, sondern übernimmst die volle Verantwortung für alles, was geschehen ist. Denke innerlich lebhaft an die Details deiner Erfahrung, so als würdest du einen Film abspulen lassen. Spürst du einen Unterschied zu dem, wie du dich sonst immer gefühlt hast, wenn du an deine Geschichte gedacht hast?

• Wenn dir das Leben mal etwas rauer mitspielt, frage dich: Was kann ich aus dieser Situation gewinnen und lernen? Denn es gibt immer auch einen Gewinn, auch wenn er im ersten Moment nicht sichtbar ist.

• Was du momentan nicht beeinflussen kannst, darüber solltest du dir – eventuell nur vorerst – keine weiteren Sorgen mehr machen. Was bringt es, ständig daran zu denken, was alles geschehen könnte? Du machst dich nur verrückt damit.

Hier ist es sinnvoll, den Gedankenstopp zu üben: Wenn du dich bei einem unerwünschten Gedanken erwischst, sage innerlich sofort: „Stopp"! Dann denke an etwas anderes. Da wir nur wenig Gedankenkontrolle gelernt haben, musst du das wahrscheinlich viele Male am Tag üben. Mit der Zeit wirst du sehen, dass die negativen Gedanken weniger werden.

• Die Komik darin zu sehen, was wir Menschen auf unserem kleinen Planeten veranstalten, kann dir über allerhand Zynismus und Verzweiflung hinweg helfen. Das Leben mit Humor zu nehmen wird einiges leichter machen!

Kapitel 26

Verbunden sein

„Du und ich – wir sind eins.
Ich kann dir nicht weh tun, ohne mich zu verletzen."

Gandhi

Im allgemeinen haben wir die Ansicht, dass wir alleine sind und getrennt von allen anderen existieren. Das geht so weit, dass Menschen und sogar Tieren unterstellt wird, Konkurrenz sei unsere normale Lebensform und Mitgefühl und Zusammenhalt quasi ein Nebenprodukt. Unser „Ich", eine isolierte getrennte Einheit, heißt es, kämpft so um das Überleben in einer feindlichen Welt.

Doch was wäre, wenn das gar nicht den Tatsachen entspräche? Wir sehen meist nur das Macht- und Konkurrenzstreben in unserer Welt, das vom Kapitalismus noch befeuert wird. Ein Streben, das viele Menschen unglücklich macht, weil es eben nicht unsere natürliche Lebensweise ist. Und tatsächlich ist es schwierig, in diesem verrückten Miteinander tatsächlich zu entscheiden, was wichtig ist. Doch unser Wunsch nach Gemeinsamkeit und Verbundenheit ist weit größer, als wir es gemeinhin annehmen. Wenn man jeden Menschen einzeln fragen würde, würde wohl jeder sagen, dass die Verbundenheit zu anderen Menschen das Wichtigste für ihn sei, oder auch die Verbundenheit zu Tieren oder zur Natur.

Das zeigt sich auch in Beobachtungen, wie Menschen miteinander interagieren. Selbst wenn wir einiges an Widerspruchsgeist in uns haben, suchen wir doch andauernd nach Übereinstimmung mit anderen. Wenn wir miteinander reden, geschehen ständig kleinste automatische Nachahmungen und Synchronisationen, an denen unser ganzer Körper beteiligt ist. Das ist völlig unbewusst und geschieht in Millisekunden. Wir kopieren und synchronisieren die Redegeschwindigkeit, die Atempausen, den Gesichtsausdruck, die Haltung, sogar die Bewegungen der Augenlider, man kann buchstäblich sagen, unsere Körper tanzen miteinander.

Doch wir ahmen einander nicht nur nach, um verbundener zu sein, wir sind auch bestens ausgestattet, die Gefühle anderer Menschen zu fühlen. Wir nehmen bereitwillig positive wie negative Stimmungen auf. Wenn wir sehen, wie eine Person berührt wird, werden dieselben Neuronen in unserem Gehirn aktiviert, als ob wir selbst berührt werden würden. Wenn wir jemanden weinen sehen, fühlen wir uns ebenfalls traurig. Die Spiegelneuronen in unserem Gehirn spiegeln die Empfindungen und Gefühle wieder, die wir beobachten. Hier ein Beispiel: In einer Studie hörten sich mehrere Gruppen von Teilnehmern einen Vortrag an. Dieser wurde einmal in einem positiven, einmal in einem neutralen und einmal in einem unglücklichen Tonfall gesprochen. Als die Teilnehmer später gebeten wurden, ihre eigenen Gefühle zu bewerten, entsprachen sie genau denen des jeweiligen Vortrags. Alle Teilnehmer hatte die Gefühle des Vortragenden übernommen.

Wir sind auf unsere Umwelt so eingestimmt, dass ein positives oder negatives Umfeld sofort unsere körperliche und seelische Befindlichkeit ändert. Herz-Kreislauf-Krankheiten nehmen beträchtlich ab, wenn Menschen in einer sozialen Gruppe wie beispielsweise der Kirche gut eingebunden sind. Schwindet der soziale Zusammenhalt, steigen diese sofort wieder an, bis hin zu vermehrten Todesfällen.

Der Soziologe Nicholas Christakis, Professor für Soziologie, untersuchte in verschiedenen Studien, inwieweit wir uns in Gruppen gegenseitig beeinflussen. In einer seiner Studien erforschte er das Thema Glück und Zufriedenheit. Es gibt schon viele erforschte Faktoren, die unser Glück beeinflussen, wie Einkommen, Gesundheit oder Status, doch Christakis wollte heraus finden, ob Glück auch innerhalb einer Gruppe ansteckend sei. Nach Analyse der Daten konnte er diese These auch bestätigen: Glücklich sein ist tatsächlich ansteckend! Die stärksten Effekte in seiner Studie traten dabei bei Menschen in räumlicher Nähe auf und schwächten sich ab, je weiter eine Person entfernt war. Einen guten Freund zu haben, der glücklich ist und bis anderthalb Kilometer entfernt wohnt, lässt einen selbst um 25 % glücklicher sein. Interessant ist auch die Tatsache, dass der Studie nach Freunde für die eigene Zufriedenheit wichtiger sind als Verwandte und sogar der Partner. Man kann locker die Schlussfolgerung ziehen, dass gute Freunde und Nachbarn schon die halbe Miete zu einem glücklichen Leben sind.

Andere Studien zeigen auf, dass unser Bedürfnis zu geben und zu helfen so wichtig und elementar für uns ist, dass wir es als eine der angenehmsten Tätigkeiten empfinden. Wir fühlen uns besser, wenn wir beispielsweise Geld für andere ausgeben, anstatt etwas für uns selbst zu kaufen. Wenn wir etwas geben oder, ohne etwas zu erwarten, einem anderen helfen, fühlen wir uns mit dem anderen verbunden. Der Impuls zu altruistischen Handeln ist unmittelbar mit unserem Bedürfnis nach Verbundenheit verknüpft.

Wenn wir nun ein ganz anderes Feld betreten, nämlich die Welt der Quantenphysik, wird diese These der Verbundenheit ebenfalls untermauert. Je mehr man in die Wissenschaft der kleinsten Materie eintaucht, um so weniger kann man von getrennten Dingen sprechen. Es gibt in Wirklichkeit keine kleinsten Teilchen, die isoliert existieren, wie Teilchen A oder Teilchen B. So über diese Teilchen zu sprechen ist immer eine grobe Vereinfachung. Auf subatomarer Ebene gestaltet es sich eher so, dass unendlich viele vibrierende Energiepakete permanent ihre Energie austauschen. Die grundlegendste Materie stellt keine Ansammlung von Teilchen, sondern eine Beziehung dar. Die gesamte Welt steht in einem andauernden spielerischen Austausch von Energie, und wir sind Teil dieses komplexen Beziehungsnetzes. Auch wenn es uns oft nicht so erscheinen mag, wir sind auf materieller und energetischer Ebene jederzeit zutiefst mit unserer Umwelt verbunden.

Doch wenn wir wieder auf die Makroebene schauen, haben viele Menschen einen anderen Eindruck von ihrem Leben. Sie fühlen sich einsam oder haltlos und wissen oft nicht einmal, dass ihnen das Verbunden sein mit anderen Menschen oder der Natur fehlt. Viele bekommen psychische Probleme durch diese Vereinzelung. Hier kann man sich tatsächlich fragen: sind wir Menschen krank oder die Welt, in der wir leben? Vielleicht ist es kein Wunder, dass wir immer erschöpfter sind und uns ausgelaugt und einsam fühlen, denn wir bekommen fundamentale Bedürfnisse nicht erfüllt. Als Kinder lernen wir nur wenig über Zusammenhalt und Verbundenheit, vorherrschend sind Noten und Leistungsdruck. Alles in unserem System ist auf Konkurrenz, Konsum und Individualismus ausgerichtet. Das ist das, was wir von klein auf gelehrt bekommen, ein egoistisches Ellbogenverhalten, das uns in Folge unglücklich und traurig macht.

Deshalb sind wir heute aufgerufen, uns den Platz und die Zeit zu schaffen, miteinander in Verbindung zu gehen. Wir brauchen neue Räume, in denen wir miteinander verbunden sein können, auch eine neue Art zu arbeiten, mit flachen Hierarchien, in kleinen Gruppen, wie es den meisten Menschen entspricht. Es gibt einige solche Räume: Festivals, Projekte, Vereine, auch Kooperativen, in denen man zusammenkommt, um als Gruppe miteinander zu sein und zu arbeiten. Für einige Menschen befriedigen auch die Religionen dieses Bedürfnis, auch wenn viele das Dogmatische, das damit einhergeht, ablehnen.

Hier ein paar Ideen, verbundener zu sein:

• Übe dich regelmäßig darin, dich verbunden zu fühlen. Verbunden mit der Natur, mit deinem Partner, mit deinen Kindern, mit deinen Mitmenschen, auch wenn du sie noch nicht kennen solltest. Verbunden zu sein entspricht unseren tiefsten Bedürfnissen. Bemerke, was dieses Gefühl der Verbundenheit mit dir macht.

• Wenn wir an die Ergebnisse von Christakis Studien denken, könnte es sich lohnen, sich deutlich mehr um gute Beziehungen mit den Menschen um uns herum zu bemühen. Unsere Nachbarn und unsere Freunde, die nahe anbei wohnen, haben einen größeren Einfluss auf unser Wohlbefinden, als wir denken.

• Suche dir Gruppen oder eine Gemeinschaft, die dieses Gefühl der Verbundenheit für dich befriedigen. Da haben es Menschen mit einer funktionierenden Familie einfacher, sie erleben schon tägliche Verbundenheit. Doch auch Menschen mit wenig Familie finden viele Angebote: Vereine, Chöre, Sportclubs, Interessengemeinschaften, ehrenamtliche Tätigkeiten, religiöse Gemeinschaften. Gemeinsame Interessen machen es leicht, sich kennen zu lernen und als Gruppe zu fühlen. Vermeide es, ausschließlich Hobbys zu pflegen, die du nur alleine ausüben kannst.

• Wenn Gefühle ansteckend sind, wäre es nicht schön, andere Menschen mit deinem Glück und deiner Freude anzustecken? Wo und wie könntest du das tun? Manchmal genügt ein kleines Kompliment auf der Straße und für Stunden freut sich jemand und pfeift fröhlich vor sich hin!

Mitmischen

„Es gibt nur zwei Arten zu leben. Entweder so als wäre nichts ein Wunder,
oder so als wäre alles ein Wunder."

Albert Einstein

Unsere Welt ist nicht nur vielfältig und wunderschön, sie ist auch ungerecht, grausam und herausfordernd. Man muss nur auf eine der aktuellen Nachrichtenseiten gehen und schon wird man von Katastrophen geradezu bombardiert: verhungernde Kinder in Jemen, Selbstmorde von jungen Frauen in Indien, ein Zyklon in Mosambik, Politiker, die die Demokratie langsam abbauen, die Auswirkungen des drohenden Klimawandels. Der Strom an Desastern hört niemals auf. Nur...wie sollen wir mit dieser Flut an schlechten Nachrichten umgehen? Wie sollen wir noch empathisch sein, wenn wir völlig überfordert sind von all den Hiobsbotschaften, die konstant auf uns einprasseln?

Es ist völlig klar, dass wir nicht überall helfen können, selbst wenn wir unendlich viel Zeit und Geld hätten. Andererseits ist es auch nicht so, dass wir nichts bewirken können. Wir müssen uns als einen Teil von Vielen betrachten; zusammen können wir eine Menge bewirken. Für jeden Menschen gibt es einen Bereich, der einem besonders am Herzen liegt. Das ist genau der richtige Platz, um mitzumischen und sich für das, was man liebt, einzusetzen.

Vielleicht kennst du den Spruch von Buckminster Fuller: „Du änderst niemals Dinge, indem du die existierende Realität bekämpfst. Um etwas zu ändern, erschaffe ein neues Modell, welches das existierende Modell veraltet sein lässt."

Wenn dir in der Welt etwas gegen den Strich läuft, verschwende keine Zeit damit, es zu bekämpfen, sondern erschaffe eine Alternative oder neue Wege (vorausgesetzt natürlich, du hast Lust, in dieser Richtung etwas zu tun). Wenn du kämpfen möchtest, kämpfe mit anderen zusammen für etwas und nicht dagegen. Oder du folgst einfach nicht mehr dem alten Modell und beginnst im Kleinen, neue Entscheidungen zu treffen. Wenn du beispielsweise die Massentierhaltung nicht mehr unterstützen möchtest, kaufe nur Milch von Kühen, die nachweislich viel Zeit auf der Wiese verbringen dürfen oder steige gleich auf Hafermilch um. Das scheint zunächst ein kleines Engagement zu sein, aber im Laufe der Jahre haben kleine Entscheidungen große Folgen. Schließe dich bei deinen Anliegen mit anderen zusammen, gemeinsam erschafft man eine ganz andere Wirkung. Es gibt kaum etwas Befriedigenderes, als sich gemeinsam für eine sinnvolle Sache einzusetzen.

In diesen Monaten ruft die schwedische Klimaaktivistin Greta Thunberg alle Schülerinnen und Schüler auf, an ihren Fridays-for-Future Demonstrationen teilzunehmen und sich für eine andere Politik einzusetzen. Diese Demos gibt es nun in vielen Ländern und ich hoffe, dass die Jugendlichen sich noch mehr zusammenschließen, so dass die Politiker nicht umhin kommen, sie ernst zu nehmen. Zusammen haben wir die Macht, Veränderungen zu bewirken.

Hier ein paar Vorschläge, wie du mitmischen kannst:

• Suche dir ein Gebiet aus, in dem du dich einbringen möchtest. Vielleicht beschäftigt dich vor allem das Wohlergehen der Tiere, oder du möchtest dich für benachteiligte Kinder in deiner Stadt oder in Entwicklungsländern einsetzen. Wenn du etwas Geld hast, kannst du es bei einer Organisation anlegen, die nachhaltige Landwirtschaftsprojekte und Mikrokredite fördert (ich kann z.B. wärmstens Oikocredit empfehlen). Es gibt fantastische Projekte, die von engagierten Menschen gegründet wurden. Überlege dir, ob du eher Zeit oder Geld investieren möchtest und wie viel davon. Werde ein Teil von dem, an das du glaubst.

• Denke darüber nach, ob du nicht politisch aktiv werden möchtest, und wenn du nur bei Campact deine Stimme für gute Kampagnen abgibst. Du bist ein Teil des Ganzen und deine Stimme ist wichtig. Übrigens: sich zusammen mit anderen für eine Sache einzusetzen ist nicht nur sinnvoll, es macht auch glücklicher und zufriedener. Es gibt laut verschiedener Studien nichts, was die Stimmung so anheben lässt wie kleine oder große Akte der Nächstenliebe.

• Wenn du kreative Ideen und Tatkraft hast, egal in welchem Bereich, dann suche dir Mitstreiter. Möchtest du ausprobieren, wie es ist, auf einer Bühne zu stehen? Möchtest du ein kleines Café gründen und Lesungen veranstalten? Überall gibt es Menschen, die gerne zusammen mit anderen etwas auf die Beine stellen möchten. Wenn du das tust, was du liebst und deine Talente entfaltest, bringst du dir und anderen Menschen Freude und Lebendigkeit.

• Verliere dich nicht in schlechten Nachrichten. Menschen in Not geht es nicht besser, nur weil du sie bemitleidest. Es bringt niemandem etwas, wenn du dich schlecht und schuldig fühlst, nur weil es dir einigermaßen gut geht. Wenn dich das Elend der Welt zu sehr belastet, setze dir einen Nachrichtenstopp. Da du dich sowieso nicht überall einbringen kannst, musst du auch nicht über alles Bescheid wissen. Die wichtigsten Dinge wirst du sowieso mitbekommen.

• Die Menschheit ist in einem Lernprozess. Es wird nicht alles schlechter, im Gegenteil, sehr viele Dinge sind sogar viel besser geworden. Es gibt prozentual weniger Kriege, weniger Hungernde, weniger Sklaven als jemals zuvor. Habe Vertrauen, dass die Menschheit trotz vieler Rückschläge und Enttäuschungen dazu lernt. Zu diesem Denken gibt es sowieso keine gangbare Alternative, die Sinn macht.

Die wichtigste Übung

„Wie der Sternenhimmel: Still und bewegt!"

Friedrich Hölderlin, Dichter

Alles in unserem Leben schreit nach unserer Aufmerksamkeit: die ständigen neuen Nachrichten auf dem Smartphone, Facebook, Emails, Videoclips, Werbung auf Autos und riesige digitale Werbeflächen an den Straßen. Egal wo man sich befindet, man wird mit einer Fülle meist banaler Infos zugeschüttet, die einem auf Dauer die Sinne verstopfen und das Gehirn vernebeln. Und damit nimmt dieses Dauerbombardement uns unsere wichtigste Ressource im Leben: unseren Fokus, unsere Aufmerksamkeit! Es gibt kaum etwas, das so wichtig für ein gutes Leben ist wie die Fähigkeit, sich auf etwas fokussieren zu können und aufmerksam zu sein. Aufmerksamkeit durchdringt alles und schafft erst den besonderen Moment. Es gibt keine Situation, die sich nicht mit etwas mehr Aufmerksamkeit verändern und verbessern lässt. Wenn du deine Aufmerksamkeit auf ein Thema oder eine Situation richtest, wird diese bedeutender und wichtiger. Aufmerksamkeit und Fokus sind die Bedingungen, um konzentriert an einem Thema arbeiten zu können und Erfolg zu haben. Es ist eine hervorragende Idee, sich immer wieder zu fragen, wo die eigene Aufmerksamkeit denn gerade herumschwirrt. Vielleicht geht es dir manchmal wie mir: ich arbeite an einem Text, schweife dann aber ab, weil ich an den Besuch meiner

Tochter letzte Woche denke. Ich merke das, verbanne diesen Gedanken, aber zehn Minuten später erwische ich mich, wie ich an die Abendplanung denke. Meist kann ich sehr konzentriert arbeiten, aber manchmal sind meine Gedanken wie eine Horde wilder Affen. Nicht umsonst sagt man im englischen dazu „monkey mind".

Vor allem taucht dieser „monkey mind" bei mir auf, wenn ich das Meditieren etwas aus dem Blick verloren habe. Doch immer wieder besinne ich mich, nehme die Meditation als tägliche Übung wieder auf und beruhige meinen Geist. Dies bringt mir nicht nur ein konzentrierteres Arbeiten, sondern auch schöne Stunden mit mir selbst.

Meditation, das Stillwerden des Geistes und Eintauchen in sich selbst, ist eine Übung, die es in vielen Variationen in jeder bekannten Kultur und Religion gab und noch immer gibt. Sie ist nicht nur eine Übung, sondern ähnelt eher einer Beziehung, die wir aufbauen, einer Beziehung mit uns selbst. Durch das Meditieren beginnen wir, nach unserer Essenz zu schauen und uns mit ihr zu identifizieren. Wir weichen die Tendenz auf, uns ausschließlich mit unserem Körper, unserem Verstand und unseren Gefühlen gleichzusetzen. Damit erfahren wir uns allmählich auf ganz natürliche Weise als Weite, als Freude und als pures Sein. „Meditation bringt uns in Berührung mit dem, was die Welt im Innersten zusammenhält", sagte schon Johann Wolfgang von Goethe, der ja zu jedem Thema etwas Interessantes zu sagen hatte.

Seit einigen Jahren erforschen auch Wissenschaftler verstärkt, was Meditation an Lebenszufriedenheit bringen kann. Eine interessante Studie mit 5000 Teilnehmern fand heraus, dass Menschen eher niedergedrückter Stimmung sind, wenn ihre Gedanken herumirren und nicht fokussiert sind. Wenn sie ganz bei einer Sache sind, egal ob es Wäsche waschen oder eine gedankliche Aufgabe ist, fühlen sie sich am zufriedensten.

Die Übung der Meditation löst Stress, fördert Gleichmut und Klarheit, macht glücklicher und zufriedener. Das Glückshormon Dopamin wird ausgeschüttet, mit dem körpereigenes Morphium hergestellt wird, was beruhigend auf Geist und Körper wirkt. Durch regelmäßige Meditation arbeitet das Gehirn flexibler und effizienter und neuere Studien zeigen auf, dass Meditation sogar lebensverlängernd und verjüngend wirkt. Nur wenige Wochen Meditation zeigte bei Probanden eine Verlängerung der Telomere, der „Beinchen" der Chromosomen, die sich normalerweise mit zunehmendem Alter abbauen. Die körperlich und seelisch wohltuenden Auswirkungen der Meditation sind inzwischen sehr gut dokumentiert. Auch Achtsamkeitsübungen, wie sie heute vielfach angeboten werden, steigern die Aufmerksamkeit und schenken innere Ruhe. Es lohnt sich, das Meditieren auszuprobieren!

Die wichtigste Frage:
Wo ist meine Aufmerksamkeit in diesem Moment?
Und wo möchte ich, dass meine Aufmerksamkeit ist?

Tipps für deine Meditation:

Am Besten gehst du in deine Meditation wie zu einer Verabredung mit einem guten Freund: mit Interesse, mit Vorfreude, mit Leichtigkeit. Dann wird das Sitzen durch sich selbst eine Freude. Du hörst dem Wispern des Atems zu, genießt die Ruhe und das langsame Gleiten in einen stillern Geisteszustand. Jeder Moment kann voller Faszination sein. Lass von dem Gedanken ab, dass es „gute" und „schlechte" Meditationen gibt; jede Meditation gibt dir etwas. Es gibt natürlich Zeiten, in denen es mühsamer ist, sich in sich zu versenken, aber auch das ist ein Prozess, durch den man hindurch geht. Bleib trotzdem dabei und du wirst durch das Fokussieren deiner Aufmerksamkeit allmählich lernen, die Verwirrtheit und Zerstreuung in dir gehen zu lassen; dein Geist wird sich nach und nach beruhigen. Kabir, ein indischer Mystiker aus dem 15.ten Jahrhundert, sagte: „Wo du auch immer bist, ist der Punkt des Anfangs".

Sitze auf einem Stuhl oder im Schneidersitz am Boden mit einem Kissen; wichtig dabei ist, dass dein Rücken gerade ist und du dich möglichst nicht anlehnst. Liegend zu meditieren ist nicht empfehlenswert, die meisten Menschen schlafen dabei ein. Fange mit 15 bis 20 Minuten Meditation an, später kannst du die Zeit auch verlängern. Sorge dafür, dass du möglichst ungestört bist.

Lass deine Aufmerksamkeit weich sein. Entspannt und weich, aber aufmerksam und mit der Absicht, voll präsent mit dir selbst zu sein. Entspanne auch deinen Körper. Du sitzt zwar aufrecht, solltest ihn aber nicht mit zu viel Spannung halten. Langsam und bewusst in die Meditation zu gehen hilft, um nicht die Energie der Eile mit hinein zu bringen. Nimm dir die Zeit, um genüsslich eine gute Position zu finden. Mache dir bewusst, dass du meditierst, um dein inneres Sein zu erforschen und treffe die bewusste Entscheidung, alles andere für eine Weile beiseite zu legen.

Übrigens muss dein Verstand nicht völlig still sein, damit du den Zustand der Meditation erfahren kannst. Auch wenn du tief in Meditation bist, kann es sein, dass weiterhin Gedanken auftauchen und wieder gehen. Erwarte vor allem am Anfang nicht, dass du sofort in Gedankenstille verharren kannst, sonst wirst du nur enttäuscht sein. Es braucht zu Beginn meist ein wenig Zeit, bis du die Qualität des Meditierens genießen kannst.

Zwei Meditationstechniken

Im Grunde ist es nicht wichtig, welche Technik du bei deiner Meditation verwendest. Egal, welche Meditationstechnik du anwendest, sie wird sich letztendlich auflösen, wenn deine Meditation sich vertieft. Die Technik ist kein Ziel an sich, sondern ein Tor zu einem größerem Bewusstsein, in dem du in absichtslosem Gewahrsein einfach präsent bist. Indem du mit verschiedenen Techniken spielst, lernst du dich kennen und siehst, was am besten zu dir passt. Es ist ebenfalls völlig in Ordnung, nur bei einer Technik zu bleiben, wenn sie dir gefällt und für dich funktioniert.

Der Raum zwischen den Atemzügen

Schließe deine Augen und sitze aufrecht und entspannt. Bringe deine Aufmerksamkeit zu deinem Atem und folge ihm für einige Augenblicke. Lass deinen Atem aus der Herzregion kommen und auch wieder dorthin zurück fließen. Bemerke das winzige Geräusch, den der Atem verursacht, wenn er durch deine Nasenlöcher aus- oder eintritt. Lausche diesem Geräusch und nimm wahr, wie es am Ende des Aus- oder Einatmens still wird und es eine kleine Pause gibt, einen Raum der Stille. Versuche diese Pause nicht zu erweitern, bemerke sie nur und lenke deine Aufmerksamkeit immer wieder zu dieser Stille zwischen dem Ein- und Ausatmen. Genieße es.

Das Gefühl der Liebe

Schließe deine Augen und sitze aufrecht und entspannt. Lenke deine Aufmerksamkeit zu deinem Atem und folge ihm für einige Augenblicke. Denke nun an jemanden, den du sehr liebst oder sehr geliebt hast. Fühle dich in diese Liebe hinein, lass diese Liebe zu diesem Menschen auftauchen und öffne dich vollkommen dafür. Jetzt lass die Vorstellung dieses Menschen gehen und bleibe bei diesem Gefühl der Liebe. Lass dich durch das Gefühl der Liebe vollkommen durchdringen, fühle die Liebe durch deinen Körper fließen und dann, wenn du davon überfließt, durch deine Poren nach außen in den Raum dringen. Fühle die sanfte Energie der Liebe in deinem Körper und Herzen und lass immer mehr Liebe entstehen, durch dich hindurchfließen und nach außen strömen. Ruhe für einige Zeit in diesem Füllhorn an Liebesenergie und genieße es.

Love is all you need!

„Wenn ich ein Gebet hätte, dann wäre es dies: Gott bewahre mich vor dem Verlangen nach Liebe, Bestätigung und Anerkennung. Amen."

Byron Katie, Begründerin von The Work

Byron Katie, damals Hausfrau und Mutter, hatte in ihren Dreißigern eine schwere Zeit. Sie litt seit vielen Jahren an schweren Depressionen und war in den letzten beiden Jahren nur selten fähig, ihr Bett zu verlassen. Als sie im Jahr 1986 in großer Verzweiflung an einem Tiefpunkt ihres Selbsthasses angelangt war, hatte sie eines frühen Morgens eine alles verändernde Erkenntnis. Sie nennt es ihr „Erwachen zur Wirklichkeit". Sie sagt selbst: „Ich entdeckte, dass ich litt, wenn ich meinen Gedanken glaubte und dass ich nicht litt, wenn ich ihnen nicht glaubte, und dass dies für jedes menschliche Wesen wahr ist. So einfach ist Freiheit. Ich habe entdeckt, dass Leiden freiwillig ist. Ich habe eine Freude in mir gefunden, die nie mehr verschwunden ist, nicht für einen einzigen Moment. Diese Freude ist in uns allen, immer."

Sie erkannte, dass nicht die Welt die Ursache für ihre Depression war, sondern ihre Überzeugungen und Gedanken über die Welt. Katie entwickelte sich von einer selbstmordgefährdeten Frau zu einer spirituellen Lehrerin, die den äußerst hilfreichen Prozess „The Work" entwickelte, mit dem Menschen sich selbst befragen können, um herauszufinden, was in ihrem Leben wahr ist. Das ist eine große Hilfe, um Widerstand loszulassen und dem Leben so zu begegnen, wie es nun mal ist. Es ist auch kein Widerspruch zu dem, dass wir unsere Welt gestalten und verändern können, die Annahme aller Bedingungen in unserem Leben ist ja die Voraussetzung, um Veränderung zu bewirken. Das Annehmen aller Aspekte im Leben bringt eine große Freiheit und Freude und ein übersprudelndes Gefühl der Liebe für alles in unserer Welt.

Tatsächlich haben wir ein merkwürdiges Verhältnis zur Liebe. Der, der in einer Beziehung mehr liebt, gilt meist als der Verlierer. In Beziehungen geht es häufig darum, dass der andere einem „etwas bringt" oder „etwas für einen macht". Als ginge es darum, so viel wie möglich vom anderen zu bekommen. Dies ist natürlich keine Liebe, sondern ein einfaches Aufrechnen. Das zeigt sich dann auch schnell, wenn der andere die eigenen Erwartungen nicht mehr erfüllt und die Liebe damit vorbei ist. Diese Menschen haben noch viel über die Liebe zu lernen. Derjenige gilt als glücklicher, der viel Liebe bekommt, im Gegensatz zu dem, der viel Liebe in sich trägt. Ein reifer Mensch kümmert sich eher um die Liebe, die er fühlt anstatt um die Liebe, die er bekommt. Wer offenen Herzens mit viel Liebe durch die Welt geht, der verbreitet Freude und überall werden sich Türen für ihn öffnen.

„Love is all you need" ganz praktisch:

• Stelle dir vor, du hättest keinerlei Verlangen mehr nach Liebe, Bestätigung und Anerkennung. Schließe für einen Moment die Augen und fühle dich in diese Vorstellung hinein. Was macht das mit dir? Wahrscheinlich fängst du sofort an, dich zu entspannen und befreit durchzuatmen. Vielleicht fühlst du dich freier und heiterer. Bleib noch ein Weilchen länger bei diesem Gefühl und fühle dich ganz hinein, soweit es dir möglich ist. Keimt hier nicht noch etwas anderes? Vielleicht das schöne Gefühl der Liebe?

Liebe geschieht ganz unmittelbar und automatisch, wenn alles andere wegfällt, was uns daran hindert, diese Liebe zu spüren.

• „Übersprudelnde Liebe für Alles klingt jetzt wirklich zu groß für mich!" Wenn du dies denkst, dann fange einfach etwas kleiner an. Mit etwas Freundlichkeit, Verständnis und Wohlwollen gegenüber anderen liegst du immer richtig.

• In meinen Meditationskursen machen wir am zweiten oder dritten Tag regelmäßig einen so genannten Energiespaziergang. Wir schlendern – jeder für sich – durch die Stadt mit dem Fokus, alles durch die Augen der Liebe zu betrachten. Wenn die Teilnehmer zurück kommen und sich darüber austauschen, haben sie leuchtende Augen und fühlen sich großartig. Nicht nur haben sie selbst eine ausgesprochen gute Zeit verlebt, sondern sie sind erstaunt, wie schön die kleinen Begegnungen waren, die sie mit den Menschen und Tieren hatten. Viele fühlen sich von der Liebesenergie angezogen und nehmen Blickkontakt auf, lächeln oder sprechen sie an. Und sofort ist eine Stimmung von Freundlichkeit, Wohlwollen und Verbundenheit da.

• Wenn du abends schlafen gehst, stelle dir kurz bevor du einschläfst ein zwei Minuten vor, wie du von Liebe eingehüllt wirst. Lasse dieses Gefühl der Liebe aufkommen und größer werden und bade geradezu darin. Schlafe mit diesem schönen Gefühl ein.

Die Meditation der liebenden Güte

Im Buddhismus gibt es die „Metta-Meditation", die Meditation der liebenden Güte, die vor zweieinhalb Tausend Jahren von Buddha selbst entwickelt wurde, um zu lernen, eine Haltung von Wohlwollen und Liebe einzunehmen. Wenn du diese Übung mehrere Tage hintereinander machst, wirst du schnell merken, dass du ganz anders auf die Welt zugehst. Sie ist keine typische stille Meditation, sondern eine aktive Übung. Deswegen musst du nicht unbedingt still sitzen, du kannst sie auch beim Spazieren gehen oder bei anderen einfachen Tätigkeiten machen, die deinen Geist nicht beanspruchen.

1. Die Metta-Meditation beginnt damit, dass du dir selbst gute Wünsche schickst und dabei ruhig in dich hinein hörst. Hier sind die Sätze, die ich gerne selbst verwende (du kannst natürlich auch gerne andere wählen):
Möge ich glücklich sein
Möge ich voller Frieden sein
Möge ich beschützt sein
Möge ich liebevoll sein

2. Als nächstes schickst du deine guten Wünsche einem Menschen, den du liebst. Stelle ihn dir vor deinem inneren Auge vor.
Mögest du glücklich sein
Mögest du voller Frieden sein
Mögest du beschützt sein
Mögest du liebevoll sein

3. Weiter schickst du deine guten Wünsche einer Person, der du neutral gegenüber stehst. Nimm dafür dieselben Sätze wie bei 2.

4. Und nun schickst du deine guten Wünsche einer Person, die du nicht magst oder sogar hasst. Dies muss niemand sein, den du persönlich kennst, du kannst auch eine Person aus dem öffentlichen Leben wählen. Nimm dafür dieselben Sätze wie bei 2.

Du kannst die Zeit für die Metta-Meditation frei wählen, ob es nur fünf Minuten oder eine Stunde sind. Wenn du die Übung beendet hast, spüre in dich hinein, wie du dich fühlst. Spürst du eine Veränderung?

Das Glück liegt in einer Kirsche

„Es gibt nichts in sich Gutes oder Schlechtes.
Nur unser Denken macht es dazu."

William Shakespeare

Im Jahre 1956 hängte einer der ersten deutschen Lottogewinner ein Schild an die Tür: „Wegen Reichtum geschlossen", und machte sich dann auf, sein Geld großzügig unter die Leute zu bringen. Nach zwei Jahren war nichts mehr übrig von seinem großen Traum; er starb 1995 im Obdachlosenasyl. Nun ist das keine so ungewöhnliche Geschichte. Wie Psychologen sagen, sind viele Menschen, die einen großen Gewinn machen, damit überfordert. Nach Schätzungen haben rund 80 Prozent aller Lottogewinner ihren Gewinn nach zwei Jahren durchgebracht und häufig sogar zusätzlich neue Schulden gemacht. Die großen Glücksgefühle vom Beginn haben sich schnell abgenutzt.

Mit dem Glück hat es eine seltsame Bewandtnis. Wenn wir die Wahl hätten zwischen einem Lottogewinn und einem Unfall mit einer Querschnittslähmung als Folge braucht man nicht fragen, was wir alle wählen würden. Und doch zeigt eine interessante Studie, dass sich ein Jahr nach dem großen Glücks- bzw. Unglücksfall die Psyche der untersuchten Menschen wieder auf dem vorherigen Ausgangsniveau stabilisiert hatte. Egal welche Situationen untersucht wurden, es brachte immer dasselbe Ergebnis. Ob jemand eine Beziehung eingeht oder verliert, die Beförderung bekommt oder nicht bekommt, Klausuren besteht oder nicht, krank wird oder nicht, all das hat weit weniger Einfluss auf Glücksgefühle und allgemeine Stimmung, als wir alle denken.

Sir Thomas Browne, ein Arzt und Schriftsteller aus dem 17. Jhd. sagte: „Ich habe in mir, was Armut in Reichtum umwandeln kann, Elend in Gedeihen, ich bin unverwundbarer als Achilles; der Zufall hat keinen Punkt, wo er mich treffen kann."
Offensichtlich war dem glücklichen Thomas bewusst, was bei den meisten Menschen unbewusst abläuft: wir haben eine Art kognitives Immunsystem, das uns hilft, mit schwierigen Situationen umzugehen. Ziemlich unabhängig davon, welche äußeren Umstände uns widerfahren, stabilisiert sich unsere Psyche nach einiger Zeit automatisch wieder auf unserem gewohnheitsmäßigen Niveau. Natürlich kann dieses gewohnheitsmäßige Niveau auch mit Ängsten, Blockaden und einigem an Negativität gefüllt sein. Doch dann hilft auch kein Traumpartner und kein Lottogewinn, um zu einem zufriedeneren Menschen zu werden. Wir denken häufig, dass Zufriedenheit und Glück etwas ist, was man im Außen finden muss und vernachlässigen unsere erstaunliche Fähigkeit, uns nach schlimmen Erfahrungen wieder selbst psychisch aufzubauen. Natürlich gibt es Ausnahmen, denn schlimme Traumata wie eine Kriegserfahrung können durchaus deutliche Spuren hinterlassen, mit denen man alleine nicht klar kommt. Doch auch hier gibt es viele Menschen, die relativ unbeschadet schlimmste Umstände überstehen, eine Fähigkeit, die man Resilienz nennt.
Dies gilt nicht nur für schlechte Nachrichten. Auch wenn uns ein großer Wunschtraum in Erfüllung geht, nutzt sich die große Freude bald wieder ab. Menschen gewöhnen sich schnell an die

neuen Umstände und nach wenigen Monaten ist man wieder bei seinem „normalen" Glücksniveau angelangt.

Dieser menschliche Mechanismus hilft uns, realistisch zu sein, wenn wir größere Veränderungen wie einen Umzug ins Ausland oder einen Hausbau anstreben. Vielleicht wird es uns langfristig weniger glücklich machen als wir es heute annehmen? Vielleicht brauchen wir gar nicht so viel zum glücklich sein? Wenn unser Glück nur wenig von äußeren Umständen abhängt, können wir auch ohne Eigenheim, Traumpartner und Lottogewinn glücklich werden! Wichtig ist vor allem, dass wir unser Denken und Fühlen so ausrichten, dass wir von innen heraus glücklich sind. Dann können wir uns wie Thomas Browne unverwundbar wie Achilles fühlen!

Hier noch ein paar Ideen für Glücksgefühle von Innen:

• Wir bekommen immer wieder vom Leben gezeigt: unser Glück hängt nicht von unseren Erlebnissen ab, sondern davon, wie wir sie wahrnehmen und für uns einordnen. Auch wenn wir in einer schwierigen Situation stecken sollten, ist es enorm wichtig, nicht nur die negativen Aspekte, sondern auch das Positive daran zu sehen. Ist das Glas halbvoll oder halbleer?

• Hadere niemals mit dem Vergangenen, niemals, niemals! Das ist der schnellste Weg ins Unglück. Das, was war, ist sowieso vorbei, und genau jetzt sind wieder alle Möglichkeiten offen. Genieße das Jetzt und freue dich auf die Zukunft.

• Das Glück besteht nicht aus einem langen trägen Fluss, sondern aus vielen kleinen einzelnen Momenten. Wenn du deine

Aufmerksamkeit immer wieder auf die Dinge richtest, die dich froh machen, wirst du zahlreiche Glücksmomente haben, die sich zu einem großen Glück summieren.

• Konzentriere dich auf die schönen und positiven Dinge im Leben, egal wie klein sie auch sein mögen. Wie gut der Kaffee heute Morgen schmeckt! Wie nett der Kellner dich im Café angelächelt hat! Denke immer wieder mit Dankbarkeit an all das, was du an deinem Leben liebst. Besonders schön und hilfreich ist diese Übung kurz nach dem Aufwachen oder vor dem Schlafengehen. Diese positive Energie nimmst du dann in den Tag oder in deine Nachtruhe mit.

• Wünsche dir fröhlich alles, was du möchtest und so viel du möchtest, aber klammere dich nicht daran. Es kommt sowieso Vieles anders, als du denkst – und manchmal sogar weit besser! Mit erfüllten Wünschen glücklich zu sein ist einfach, aber wie wäre es, einfach glücklich zu sein ganz ohne Grund? Nur, weil man auf diesem schönen Planeten morgens wieder die Augen aufgeschlagen hat!

Wer bist du?

„Eines der schwierigsten Dinge der Welt ist,
irgendetwas ganz einfach zu betrachten."

Krishnamurti, indischer Mystiker

Wenn man sich im weiten Feld der Psychologie und Persönlichkeitsentwicklung bewegt wird man gerne gefragt: „Weißt du, wer du bist? Wer du wirklich bist?" Diese Frage führt über die Definitionen hinaus, von denen ich im Kapitel „Definiere nicht" geschrieben habe. Hier geht es nicht darum, ob sich jemand als Mutter, Tochter, Hundehalter, Krankenpfleger oder Anwältin definiert, sondern um das Grundlegende, um die Essenz, um den innersten Kern, der jeden Menschen ausmacht.

Wer bin ich wirklich? Diese Frage lässt einen meist mit fragendem Blick verstummen. Bin ich die Summe aller meiner Gedanken, Gefühle und Absichten, die mich umtreiben? Bin ich mein Körper plus mein Charakter?

Wir können das etwas genauer anschauen. Bin ich meine Gedanken? Gedanken treiben mich zwar vom Aufwachen bis zum Schlafen um, sie sind häufig hartnäckig und können manchmal richtig nerven. Doch sie sind auch flüchtig und wechselhaft. Mit meiner Essenz haben diese Gedanken nichts zu tun.

Bin ich meine Gefühle? Auch hier das Gleiche. Die Gefühle, die durch mich hindurch strömen, wechseln und leuchten in unterschiedlichen Farben und Intensitäten wie die Haut eines Chamäleons. Mal bin ich traurig, mal bin ich glücklich. Meinen innersten Kern können Gefühle nicht berühren.

Und mein Körper? Er gehört eindeutig zu mir, solange ich ihn bewohne, diese Identifikation ist am selbstverständlichsten für uns. Aber was geschieht nach dem Tod, wenn der Körper verfällt? Wer schon einmal einem frisch verstorbenen Menschen einen letzten Besuch abgestattet hat, wird erstaunt bemerkt haben, dass er nicht mehr wie zu Lebzeiten erscheint. Der Körper wirkt leer und unbeseelt. Was die Essenz des Menschen ausmachte, ist nicht mehr vorhanden.

So fest umrissen mein Körper ist, mein Bewusstsein ist es nicht. Wenn ich meine Augen schließe und mich frage: Wo fange ich an? Wo höre ich auf? kann ich keine Grenze erkennen. Mein Bewusstsein scheint sich weit über meine Körpergrenzen hinaus zu erstrecken, geradezu endlos. Wo ist das Bewusstsein, wenn es nicht mehr an den Körper gebunden ist? Vielleicht auf der Suche nach neuen Abenteuern?

Hier können wir uns weiter fragen: Wenn ich nicht mein Körper, meine Gedanken und meine Gefühle bin, was bin ich dann? Könnte es nicht sein, dass ich einfach BIN? Ein Wesen oder eine Seele, oder ein Stück Bewusstsein, momentan hier auf Reisen auf der schönen Erde.

Da unsere Körper, unsere Gefühle und Gedanken in der Regel so dominant sind ist es manchmal schwierig, dieses Sein zu spüren. Sich immer wieder Ruhezeiten von Gedanken und Gefühlen einzubauen ist hilfreich, um sich selbst zu erfrischen und sich wieder belebt dem Trubel des Alltag widmen zu können. Aus diesem Grund gibt es in allen Kulturen die Übung der Meditation, in der man buchstäblich zu sich findet. Nicht umsonst fördern Meditations- und Achtsamkeitsübungen einen heiteren und ausgeglichenen Geist. Das ist wie Wellness-Urlaub für die Seele! Endlich mal nicht so viel denken und fühlen müssen!

Sich diese Basis immer wieder zu vergegenwärtigen verschafft den nötigen Abstand, um leichter und befreit durchs Leben zu gehen.

Noch eindrücklicher spricht Richard Bartlett, der Begründer von Matrix Energetics, einer transformativen Heilarbeit, über unsere Identität: „You are a swirling vortex of limitless potential who is here to shake things up and create something new that the universe has never seen."

„Du bist ein Wirbel grenzenlosen Potenzials, der hierher gekommen ist, um die Dinge aufzurütteln und etwas Neues zu erschaffen, dass das Universum noch nie gesehen hat."

Möglicherweise hilfreiche Ideen dazu:

• Unser Leben ist voller Verstrickungen und Verwirrung. Um klarer sehen zu können brauchen wir Zeit für uns, ganz ohne Trubel und Ablenkung. Gönne dir jeden Tag mindestens eine Stunde mit dir alleine. Lass deinen Körper ruhig werden und deine Gedanken ziehen. Genieße diese erfrischende Zeit mit dir.

• Gefühle zeigen dir, wo du gerade im Leben stehst und ob du auf der richtigen Spur bist. Es ist lohnend, hinzuschauen, was sie uns sagen wollen. Ansonsten ist es nicht besonders hilfreich, sie allzu ernst zu nehmen. Ängste, Ärger, Ungeduld und andere Gefühle kommen und gehen und man ist gut beraten, sich nicht zu sehr in diese Gefühlswelt hinein zu vertiefen. Versuche nicht, die negativen Gefühle wegzuschieben oder vollkommen zu ignorieren, sondern nimm sie zur Kenntnis und finde einen lockeren nicht zu ernsten Umgang mit ihnen. Wenn du deine Gefühle annimmst, wandeln sie sich und du findest schnell wieder zu mehr Gleichmut. Dein innerster Kern, deine Identität, wird von all diesen vorüberziehenden Gefühlen nicht berührt.

• Meditation und Achtsamkeit sind wunderbare Übungen, um sich mit sich selbst zu verbinden und besser spüren zu lernen. Hier ist eine schöne Übung, um dir deines Bewusstseins bewusst zu werden.
Schließe deine Augen und sitze aufrecht und entspannt. Bring deine Aufmerksamkeit zu deinem Körper und nimm wahr, wie er sich anfühlt. Nimm wahr, wie sich deine Beine anfühlen, wie sich die Kleidung auf deiner Haut anfühlt. Gibt es Stellen, wo dein Körper warm oder eher kalt ist? Fühle in deine Muskeln hinein, wie entspannt sie sind; fühle in deinen Bauch hinein, ob es kleine innere Bewegungen gibt. Werde dir deines Atems bewusst, die Empfindung des Atems, wie er durch die Nasenlöcher eintritt und sie wieder verlässt, den Weg des Atems durch deinen Körper. Werde dir jetzt bewusst, was in deinem Geist vorgeht. Beobachte die Gedanken und Bilder, die durch dich hindurchgehen. Nimm wahr, wie du dich fühlst, wenn du hier sitzt. Gibt es Gefühle, die aufkommen und wieder abklingen? Ändere nichts, beobachte nur. Geh jetzt mit deiner Aufmerksamkeit direkt zu deinem Bewusstsein. Werde dir deines eigenen Bewusstseins bewusst, deiner inneren Weite, die alle Empfindungen und Gefühle, alles, was du davor beobachtet hast, umfasst. Tauche voll und ganz in dein Bewusstsein hinein und genieße diese Zeit mit dir.

• Du bist nicht dein Körper. Du bist nicht deine Gedanken. Du bist nicht deine Gefühle. Was bist du dann? Was macht deine Essenz aus? Du kannst aus deinem Inneren wertvolle Hinweise gewinnen, wenn du dich selbst immer wieder fragst: Wer bin ich? Lass die Antworten aus dir aufsteigen, und sollte keine Antwort kommen, ist es auch gut. Keine Antwort ist vielleicht auch eine Antwort. Oder sogar die wahrhaftigste Antwort von allen! Achtung: diese Übung kann zu leichten Bewusstseinsverschiebungen bis hin zu waschechten Erleuchtungserfahrungen führen!

Der ultimative Sinn des Lebens

> „Am Ende wird alles gut.
> Wenn es noch nicht gut ist, ist das noch nicht das Ende."
>
> *Oscar Wilde*

Vielleicht erinnerst du dich an Arthur Dent, dem liebenswerten intergalaktischen Reisenden aus dem Buch „Per Anhalter durch die Galaxis" von Douglas Adams? Arthurs Abenteuer beginnt, als er mit knapper Not und dank der Hilfe seines Freundes Ford Prefect der kompletten Zerstörung des Planeten Erde durch eine außerirdische Spezie, die Vongonen, entgeht. Zu seiner Verblüffung erweist sich sein Freund Ford als ein außerirdischer Besucher, der diese Gelegenheit nutzt, um sich und Arthur mittels einem „Subraum-Äther-Winker", also sozusagen per Anhalter, an Bord eines Vogonenraumschiffes zu beamen. Ab da geht die Geschichte so rasant weiter, dass der arme Arthur Mühe hat, das Geschehen zu begreifen. Zeit und Raum haben ihre Verlässlichkeit verloren und der Kosmos ist von den seltsamsten Wesen bevölkert.

Bei ihrer Reise durch das Universum erfahren Arthur und Ford von dem Computer „Deep Thought", der extra dafür gebaut worden war, um die Antwort nach dem Sinn des Lebens, dem Universum und dem ganzen Rest zu errechnen. Nach siebeneinhalb Millionen Jahren Rechenzeit hatte er die Antwort verkündet: „42"! Dass sie unbefriedigend sei, erklärte „Deep Thought"

damit, dass nie eine konkrete Frage formuliert wurde. Um nun die zugehörige Frage zu finden, wurde ein weit leistungsfähigerer Super-Computer gebaut, die Erde. Leider wurde sie dann von der kosmischen Bauflotte fünf Minuten vor Ablauf des Programms gesprengt.
Ein herrlicher Spaß!

Eine einfache Antwort wie eine Zahl werden wir auf der Suche nach dem Sinn des Lebens wohl nicht finden! Wobei das manchen Zeitgenossen völlig egal sein dürfte, für sie ist allein die Frage schon Zeitverschwendung. Befragungen zufolge sind das immerhin ein Drittel der Bevölkerung, die vor sich hin lebt, ohne sich jemals Fragen nach dem Sinn ihres Daseins zu stellen.
Andere wiederum zermartern sich mit der Suche den Kopf und finden doch keine Antwort.
Doch vom Kopf her kann man dem Sinn des Lebens nicht beikommen, auch nicht mit dem Intellekt. Der Sinn wird nur individuell erlebt und erfahren und was der eine sinnvoll findet, kann der andere als völlig sinnlos erachten.
Allerdings wird von den meisten Menschen das Bemühen als sinnvoll bewertet, etwas „zum großen Ganzen" beizutragen, etwas, was den eigenen Tod überdauert. Das kann die Erziehung von Kindern, ein Beitrag zum Tier- oder Naturschutz, politisches Engagement oder ein künstlerisches Werk sein. Etwas, das einem das Gefühl gibt, dass man sich in einen größeren Zusammenhang eingebunden sieht und etwas Gutes zum Leben beiträgt. Vielleicht sogar etwas, was den eigenen Tod überdauert.

Es ist wunderbar, sich für eine gute Idee einzusetzen, aber wie wäre es, den Sinn des Lebens mit etwas weniger Hürden zu versehen? Lebt ein Mensch, der nur vor sich hin lebt, ohne Kinder, ohne Engagement für irgendetwas, kein sinnvolles Leben? Wer möchte das beurteilen?

Für mich liegt der Sinn des Lebens einfach im Leben selbst. Die Erfahrung zu leben ist Alles. Der ultimative Sinn des Lebens ist es, zu leben, das heißt ich wie jeder andere gibt sich selbst den Sinn in seinem Leben. Wobei ich grundsätzlich davon ausgehe, dass alles Leben sinnvoll ist.

Das ist eine ziemlich einfache Herangehensweise. Wenn ich möchte, kann ich allein schon Sinn darin finden, dass heute Morgen wieder die Sonne aufgegangen ist. Kannst du dir vorstellen, was für eine Leichtigkeit daraus erwachsen kann, wenn ich mein SEIN als vollkommen sinnvoll akzeptiere, ohne dass ich etwas dafür TUN muss? Was für eine Erleichterung! Ich muss nichts tun, um ein sinnvolles Leben zu leben, sondern es ist sowieso sinnvoll, und dann schaue ich, was ich sonst noch so tun kann!

Dann ist es auch gar nicht nötig, so viel über den Sinn des Lebens nachzugrübeln. Wenn man zu viel darüber nachdenkt, verpasst man auch gerne etwas. Lieber etwas Mut zeigen, sich hinauswagen und in das Leben hineinstürzen. Wir wollen hier schließlich etwas erleben!

Weitere Ideen zum Sinn des Lebens:

• Der Sinn deines Lebens ist genau der Sinn, dem du ihm gibst. Der Sinn des Lebens ist das Leben an sich. Einfach SEIN. Wenn du darüber hinaus auch etwas TUN willst, dann wunderbar. Hier warten zahlreiche Gelegenheiten auf dich, dich mit deinen kreativen und sonstigen Fähigkeiten einzubringen. Wenn du deinen Neigungen und Impulsen folgst, werden sich deine Fähigkeiten und Anlagen automatisch entfalten und Früchte tragen.

Mach nur niemals den Sinn deines Lebens von deinem Tun abhängig!

• Das, was du liebst und bewunderst, was dich begeistert und erfüllt, dich froh und lebendig macht und deine Lebensgeister weckt, ist immens wichtig. All das drückt die Sehnsucht deiner Seele aus. Leider haben wir die Tendenz, im Alltag immer wieder zu vergessen, was uns wirklich wichtig ist. Wir verlieren uns in den Notwendigkeiten unseres Alltags und vergessen, was uns beflügelt. Um dich regelmäßig daran zu erinnern, ist es eine gute Idee, eine Energieliste zu erstellen.

Diese Liste, die du regelmäßig erweitern kannst, sollte mindestens 100 oder mehr Punkte umfassen. Schaue sie dir regelmäßig an und lass dich inspirieren, mehr von dem, was du aufgeschrieben hast, in dein Leben zu holen. So sagst du zu dir selbst: „Das und das liebe ich, her damit, ich will mehr davon!"

Hier einige Punkte meiner Energieliste: im Freien übernachten, Feuer machen, Tiere in der Natur beobachten, kleine Jazzclubs, französische Chansons, meditieren, bunte Herbstwälder, Pantomime-Spiele, in Seen baden, Mikrokredit-Initiativen, mit anderen Menschen zusammen singen, Roadtrips, Thai Massagen, asiatisches Essen, ausgiebige Mittagsschläfchen, die Romane Matt Ruffs, meinen Hund, Theatersport und noch vieles andere mehr.

Wenn ich mir meine Liste anschaue, frage ich mich manchmal, warum ich nicht noch häufiger all das in mein Leben bringe, was ich liebe. Und genau für diese Anregung wird deine Liste dir dienen!

• Es gibt eine Zeit, sich existentielle Fragen zu stellen und es gibt eine Zeit, sie wieder beiseite zu schieben. Wenn du so freudvoll und leichthin in das Leben eintauchen kannst, dass du dich nicht mehr nach dem Sinn des Lebens fragst, bist du mittendrin im Leben. Und was könnte erfüllender und beglückender sein, als sich selbst völlig zu vergessen und einfach im Flow aufzugehen?

Perspektive

„I... a universe of atoms, an atom in the universe."

Richard Feynman, Physiker

Die Rahmenbedingungen unseres Lebens sind, wenn wir sie uns vergegenwärtigen, ziemlich verrückt! Wir schweben auf einer mit einem Durchmesser von fast 13.000 km verhältnismäßig eher kleinen Kugel um eine glühende Sonne. Dabei rotiert die Erde mit einer Geschwindigkeit von 1670 km pro Stunde durch das sich endlos ausdehnende All. Das ist aber noch gar nichts zu dem, wie sich die Erde um die Sonne bewegt, nämlich mit grandiosen 107.000 km die Stunde. Die Erde, die uns so solide und ruhig erscheint, wenn wir zum rötlichen Abendhimmel blicken, hat nicht nur äußerlich ein ganz schönes Tempo drauf, sondern ist auch in ihrem Inneren sehr bewegt. Es brodelt und fließt in ihr hierhin und dorthin und die feste Bodenschicht unter uns verhält sich von der Größe her zum flüssigen Inneren wie die Schale zum Fruchtfleisch eines Apfels. Eine schmaler Streifen, auf dem wir geboren werden, ein Weilchen leben und dann sterben. Und überall um uns schwingt alles, wir sind in Bewegung, der Planet, den wir bewohnen, ist in Bewegung, und selbst bis zum kleinsten Teilchen hin gibt es endlose Vibration und Austausch.

Auch in diesen kleinsten Teilchen ist nichts so, wie es scheint. Schauen wir nur uns selbst an! Unsere Körper sind aus Molekülen zusammengesetzt, die wiederum aus Atomen bestehen, die aus Protonen, Elektronen und Neutronen bestehen, die sich aus einer Vielzahl subatomarer Teilchen wie Quarks, Myonen, Tauonen, Luxonen und vielen weiteren zusammensetzen. Diese subatomaren Teilchen könnten wiederum aus noch kleineren Teilchen bestehen, denn letztendlich ist es noch keinem Wissenschaftler wirklich gelungen, das kleinste „Ding" zu finden, aus dem sich alle Materie zusammensetzt. Als Kern der Materie findet sich hingegen eine winzige vibrierende Energiewolke, die in ständigem Austausch mit anderen Energiewolken ist. Der Kern der Materie, jeglicher Materie, nicht nur von Mensch und Tier, ist also Energie in ständiger Bewegung.

Die Welt als ein andauernder Fluss von Energie! Diese Erkenntnisse der Quantenphysik sind nicht neu, und doch sind sie immer noch schwer nachzuvollziehen. Schließlich sagen uns unsere Sinne etwas anderes. Die Gegenstände um uns erscheinen uns fest und beständig. Wir können mit der Faust auf einen Tisch schlagen und werden wahrscheinlich schmerzhaft erfahren, dass es einen beträchtlichen Widerstand gibt. Wenn ich mir beispielsweise meinen Tisch ansehe, auf dem im Moment mein Computer steht, sehe ich einen braunen länglichen Holztisch mit Metallbeinen, der schon ein paar kleine Macken an der Oberfläche hat. Aber eigentlich – ich kann es nur nicht wahrnehmen – besteht er ganz aus vibrierender Energie. Ganz genau derselben Energie, aus der du oder ich ebenfalls bestehen.

Wahrscheinlich weißt du das alles schon oder hast es zumindest schon einmal gehört. Warum erwähne ich es an dieser Stelle? Schließlich sind dies allgemein bekannte und gesicherte Fakten, die mit diesem Buch, in dem es vor allem um Psychologie und das Leben allgemein geht, nicht so viel zu tun haben.

Nun ja, es sind Fakten, aber Fakten, die gerne auch wieder in Vergessenheit geraten, weil es uns so erscheint, als hätten sie keine Auswirkung auf unser Leben. Wenn ich auf den Feldern spazieren gehe und um mich schaue, sehe ich, dass alles ruhig und still vor mir liegt und sich höchstens die Ähren ein wenig im Wind wiegen. Ich kann mir die Geschwindigkeit nicht wirklich vorstellen, mit der wir durch das All reisen. Wenn ich meine Hand hebe und anschaue ist mir dieser andauernde Energiewirbel in ihrem Inneren eine eher fremde Vorstellung.

Noch weiter wird unsere Vorstellungskraft gefordert mit der Idee, dass diese Energie von unserem Bewusstsein lenkbar ist, wie vielfach wiederholte Studien der Quantenphysik es beweisen. Alles bewegt sich in einem unendlichen potentiellen Feld voller Energie. Bewusstsein lenkt diese Energie und schafft Strukturen. Unsere Herausforderung ist es, zu lernen, bewusst damit umzugehen und damit zu wachsen. Das sind spannende Aussichten für uns.

Die Grundstrukturen unseres Lebens sind also völlig anders, als wir es gelernt haben und es uns vordergründig erscheint! Das Leben in unserer Welt ist einfach unglaublich und phänomenal! Es gibt noch so viel Spannendes und Aufregendes zu entdecken und zahlreiche Geheimnisse zum erforschen, in der Welt draußen und in unserer weiten Innenwelt. Selbst die härtesten Fakten auf unserem Planeten sind ziemlich seltsam und manchmal schwer für unseren Verstand zu verdauen. Mich hat vieles, was ich über die Natur des Universums und des Menschen erfahren habe, dazu gebracht, weit mehr vermeintlich Verrücktes für möglich zu halten als heute allgemein anerkannt ist. Meine Vorstellungskraft wurde in alle Richtungen erweitert.

Wir sind in diese seltsame Welt hinein geboren worden, verbringen ein paar Jahre in diesem Körper und gehen dann wieder. Wohin wir dann gehen ist immer noch ein Mysterium. Dass wir überhaupt hier sind ist ein großes Wunder.

Es ist eine Vergeudung all unserer Möglichkeiten und unserer Energie, wenn wir weiterhin in unseren Ängsten verharren, uns unfrei fühlen oder uns in Kleinkriegen verzetteln. Machen wir lieber das Beste daraus! Behandeln wir dieses schöne Leben wie einen Schatz und lassen alles los, was uns diese wertvolle Erfahrung verderben könnte. Verschwenden wir lieber unsere Zeit, indem wir lieben und feiern! Erforschen und genießen wir uns selbst, unsere Lieben um uns und unser Leben!

In diesem Sinne wünsche ich dir eine erfüllende und spannende Reise!

Qualifizierte EFT-Ausbildungen – Klopfakupressur

mit Evelyne Laye

EFT Grundkurs Modul 1
EFT Aufbaukurs Modul 2
EFT Profikurs Modul 3
EFT-Coach Ausbildung

www.laye.org   Tel 01578-8893250   evelynel@gmx.de

„Denn es ist nie zu spät, zu dem Menschen zu werden, der man hätte sein können"

George Sand

Evelyne Laye, Jg. 67, ist seit 1995 Heilpraktikerin. Sie ist langjährige Dozentin im Gesundheitsbereich und der Erwachsenenbildung. Ihr Steckenpferd ist die Energetische Psychologie wie die Klopfakupressur, weil man hier immer wieder Wunder erleben kann. Sie beschäftigt sich seit ihrer Jugend mit Naturheilkunde, Meditation und Energiearbeit und entdeckt immer weiter Neues, was sie erforschen möchte. Mit ihrem Partner und Hund lebt sie in einer umgebauten Mühle in Tübingen.

Die 10 besten Nahrungsergänzungsmittel

Vorbeugen und heilen mit den Power-Nährstoffen Vitamin D 3, MSM, OPC, Coenzym Q 10,5-HTP, Alpha-Liponsäure und anderen...

Die meisten Menschen leiden heute durch schlechte Ernährung an einem deutlichen Mangel an Nährstoffen. Doch dem kann man abhelfen! Vitamin D, Magnesium, Alpha-Liponsäure, MSM und andere Nahrungsergänzungsmittel bringen den Stoffwechsel in Schwung, schützen Herz, Gefäße und das Immunsystem, senken das Krebsrisiko, lassen Pfunde schmelzen, vertreiben Müdigkeit und Depressionen und machen fit und munter. In diesem Buch werden die für Ihren Körper wichtigsten Nahrungsergänzungsmittel ausführlich mit Mangelerscheinungen, Anwendungsmöglichkeiten und Erfahrungsberichten beschrieben. Sie bekommen Tipps zum Kauf und zur Dosierung und können sofort damit beginnen, selbst Ihre Gesundheit in die Hand zu nehmen.

148 Seiten – EUR 10,90
ISBN: 978-398158986